中國学術思想 研究輯刊

十一編

林慶彰 主編

第 32 冊

曹端理學思想研究

徐銘謙 著

花木蘭文化出版社

國家圖書館出版品預行編目資料

曹端理學思想研究／徐銘謙 著 — 初版 — 新北市：花木蘭文
化出版社，2011〔民 100〕

序 2+ 目 2+162 面；19×26 公分

（中國學術思想研究輯刊 十一編；第 32 冊）

ISBN：978-986-254-478-5（精裝）

1.（明）曹端　2. 學術思想　3. 理學

030.8　　　　　　　　　　　　　　　　　100000810

ISBN-978-986-254-478-5

9 789862 544785

中國學術思想研究輯刊

十一編　第三二冊　　　　　　　ISBN：978-986-254-478-5

曹端理學思想研究

作　　　者　徐銘謙
主　　　編　林慶彰
總 編 輯　杜潔祥
出　　　版　花木蘭文化出版社
發 行 所　花木蘭文化出版社
發 行 人　高小娟
聯絡地址　新北市永和區中正路五九五號七樓之三
　　　　　　電話：02-2923-1455 ／傳眞：02-2923-1452
網　　　址　http://www.huamulan.tw 信箱 sut81518@ms59.hinet.net
印　　　刷　普羅文化出版廣告事業
封面設計　劉開工作室
初　　　版　2011 年 3 月
定　　　價　十一編 40 冊（精裝）新台幣 62,000 元

曹端理學思想研究

徐銘謙　著

作者簡介

徐銘謙，民國 69 年生，臺灣臺北市人。91 學年畢業於銘傳大學應用中國文學系，後以周志煌教授所指導的《曹端理學思想研究》論文取得 95 學年銘傳大學應用中國文學系碩士學位。現為 99 學年中央大學中國文學系博士班四年級生。目前研究興趣為宋代學術史、以及北宋禪宗與政治社會等相關議題。

提　　要

　　本文以探討、評述明初曹端理學思想為主要內容。首先藉由掌握明初理學的開局，包含元代折衷朱陸的學術傾向，以論述曹端理學中的思想層面。就其理氣論而言，主要是太極動靜的問題，除了明白曹端理學的一些基本觀念，並與朱熹的看法做分析比較。其次討論「孔顏樂處」，這是屬於曹端論仁的部分，透過整理周敦頤、二程、朱熹以來的說法，藉以明曹端之所承、以及在此議題上的貢獻。再次，闡述曹端的事心之學，此進德工夫之大旨在「誠」與「敬」，同樣也可從二程、朱熹之處見曹端工夫論銜接前儒的軌跡。

　　在道德實踐方面，本文將曹端著作、及其他文獻資料所記載的生平事跡，歸納出「躬行篤實」、「義理之教」、與「異端之辨」等三大要目。第一從曹端篤實的個性與學術性格立說；第二從曹端對後學子弟的教育來論述；最後是曹端對佛老的批駁，這一點可說是整體實踐中最為鮮明的部分。

　　曹端理學帶給後學之貢獻，以薛瑄、胡居仁、羅欽順、王廷相等人為論述焦點，藉由檢視各家理氣論以刻劃出清晰的影響脈絡。其次討論兩岸學者的研究成果，比較各說異同，並進一步釐清曹端理學思想內涵。

　　最後，透過本文研究成果的統整，以見曹端理學思想的研究價值與未來展望，進而提昇學界對曹端的關注。

目

次

自 序

　　本書是筆者碩士論文《曹端理學思想研究》的修定稿，原論文在寫作過程中受到指導教授周志煌博士多方的幫助，從構思、研究方法、到理論的闡發，皆要感謝周師不辭辛勞的付出。而擔任筆者碩士學位口試委員的趙中偉教授、徐亞萍教授，也針對原論文給予許多寶貴的意見。由於諸位師長的指導與鼓勵，令筆者順利考取中央大學繼續攻讀博士學位。如今研究方向已與當時大不相同，然因周師之推薦，幸得花木蘭文化出版社願意出版本書，故而重拾舊稿，進行校讀的工作。勞思光先生曾自謂不願改訂舊作，藉以讓其人生每個階段的言論思想各存其真。筆者對此頗為感佩，而今所修定者，除行文語順、以及一些論述不足的補充更正之外，並未變動原論文所採取的研究角度與論點主張。當然這並不代表本書已無疏失，此中仍有諸多問題可待來日進一步討論商榷。本書最後附上去年發表於東吳大學有鳳初鳴學術研討會的單篇論文〈劉蕺山對太極的詮譯〉，該文除了對明末大儒劉宗周的「太極」概念進行分析，也牽涉周敦頤、曹端以來對「靜」的論述主張，算是筆者在碩士論文之後，對明代理學資料繼續閱讀的首份心得報告，差可作為本書附錄。以上，還望　大雅方家不吝指正。

徐銘謙　謹誌
2010 年 12 月 31 日

第一章　緒　論

第一節　問題的提出

　　有明一代，論學以陽明心學爲主，然明代初期仍以程朱之學爲主要潮流，著名學者如宋濂（1310～1381）、劉基（1311～1375）、方孝孺（1357～1402）、曹端（1376～1434）、薛瑄（1389～1464）……等人。前三者於理學一路，大多承襲元代格局，對明代理學發展雖亦有所建樹，但在明代初期要說到眞正於理學有開創發展、並影響後學者，當屬曹端。

　　關於明代學術思想的分期，有所謂「明代初期」、「明代中期」、「明代中葉」、「明清之際」……等這類用辭，在學術論文中均爲泛稱，沒有明確之界定。本文以明太祖洪武元年（1368）算起，至南明桂王永曆十五年（1661）共二百九十四年爲明朝國祚。若將此二百九十四年概分爲三，即初、中、晚期各佔九十八年，則「明代初期」約在明太祖洪武元年（1368）至明憲宗成化元年（1465），中、晚期以此類推。歷史時代本不可斷然分劃，然爲了凸顯不同時期的學術趨向，又不得不分，這是在此必須加以說明的。〔註1〕

_____

〔註1〕關於分期，有人用國勢、有人以某些文學運動或思想潮流來分期，然而那都是被後世史家建構出來的，未必普遍公允，楊儒賓先生亦曾言：「歷史的分段，很難徹底劃清，抽刀斷水水更流。」是以本文僅均分明代國祚以爲粗分，或得以不失於偏從某方。詳見楊儒賓：〈近現代儒家思想史上的體用論〉，收於陳榮開編輯：《新亞學術集刊：天人之際與人禽之辨——比較與多元的觀點》（香港：中文大學新亞書院，2001年7月），第17期，頁198。凡文獻資料之註其出版日期，本文一律使用「西元」紀年。

　　若以羅欽順（1465～1547）的理氣論爲例，其時明代中期以王守仁（1472～1528）之心學爲學術界主流，而羅欽順卻以程朱之學爲宗，並起於當時。雖後世視明代學術仍以陽明心學爲主，但羅欽順仍使程朱理學在明代中期以後不至全然衰沒，其功不可謂不大。就此而論，羅欽順豈爲明代程朱理學之發端？何以在明代中期王學大盛之時，有羅欽順能以程朱之學並起而相抗衡？其於明代理學繼承之脈絡究竟源於何處？我們是否可以從明初幾位思想家找到連結的關鍵？若否，則謂羅欽順遙繼宋代程朱之學，跨過元代及明初，中無所承，如此於理難以圓通；若是，則前述明初幾位以程朱爲宗的學者便須加以注意。

　　首先引起關注的是薛瑄，羅欽順曾探究過其思想之要旨，並提出獨到的評論，且薛瑄學宗程朱的理學趨向十分明確。然而當我們把目光移至薛瑄身上時，焦點卻逐漸聚集在更早一點的曹端之處。原因是薛瑄的理學內涵深受曹端影響，而論曹端在明代理學上的貢獻，也確爲明初幾位大家之中的傑出者。同時，其學術性格以程朱爲主，但又隱含些許心學色彩，這樣的特徵，有可能是明代後儒理學思想演變的源頭。綜合上述原因，再加上曹端之前的明初學者並沒有深刻的痕跡印劃在曹端身上，於是曹端的理學思想便與明代程朱理學的開局接上了關係。

　　最初，僅以搜尋明初程朱學派的開創者爲目標，及至把焦點鎖定在曹端處，又發現其思想內涵很有研究的價值，令人致疑的是，現今尚無以曹端爲專論的學位論文出現，似乎尚未受到學者們的重視。但是根據文獻史料的記載，即使地位不如宋代程朱、或者是明代的王學，於理曹端仍不該受到如此冷落。試看《明史》記載：

　　　　端起崤、澠間，倡明絕學，論者推爲明初理學之冠。〔註2〕
〈通書述解提要〉亦有云：
　　　　明代醇儒，以端與薛瑄爲最，而端又開瑄之先。〔註3〕
從上述兩段引文可知，曹端實乃明初理學中極爲重要的人物，劉宗周亦稱曹端：「雖謂先生爲今之濂溪，可也……愚謂方正學而後，斯道之絕而復續者，

〔註2〕詳見（清）張廷玉等修：《明史・列傳第一百七十・儒林》（臺北：臺灣商務印書館股份有限公司，1984年3月，《景印文淵閣四庫全書》本，史部五九，正史類，冊301），卷282，頁22下～23上。

〔註3〕詳見（清）紀昀等撰：〈通書述解提要〉（臺北：臺灣商務印書館股份有限公司，1985年2月，《景印文淵閣四庫全書》本，子部三，儒家類，冊697），頁1上～1下。

實賴有先生一人。薛文清亦聞先生之風而起者。」〔註4〕然翻閱現今國內出版較通行的中國哲學史、思想史，如韋政通《中國思想史》、勞思光《新編中國哲學史》、馮友蘭《中國哲學史》及其《中國哲學史新編》、蔡仁厚《中國哲學史大綱》、王邦雄等人所著《中國哲學史》⋯⋯等，這些中國哲學的通史都沒有對曹端加以專論、評述，而一些相關宋明理學的著作如孫振青《宋明道學》、唐君毅《哲學論集》第十八卷、古清美《宋明理學概述》、牟宗三《宋明儒學的問題與發展》⋯⋯等，亦無論及曹端者。〔註5〕如此一來，我們將處在參考資料並不豐富的情況之中，但另一方面，卻也代表了曹端的理學思想仍有十分寬廣的研究空間。

　　至此，問題可以很明確的成立，本文將以探討、闡釋、並評述明初曹端的理學思想爲主，在宋朝結束後、跨過元代的明初理學，處於關鍵承繼的曹端，其如何上接程朱、下啓明代後學？我們是否可從曹端處釐清整個明初理學之脈絡？本文希望透過曹端理學思想的研究，讓這位明初理學發展史上重要的思想家，能夠被還原其應有的歷史地位。目前國內學術界對曹端的研究少之又少，倘若得以藉此彰顯曹端對明代理學之貢獻，進而提昇學界對曹端理學思想的注意力與研究風氣，如此亦可收拋磚引玉之效。

第二節　研究方法與步驟

　　本文以北京中華書局出版的《曹端集》爲文本依據，該書收有曹端的《太極圖說述解》、《通書述解》、〈西銘述解〉、《夜行燭》、《家規輯畧》、《曹月川先生語錄》、與《曹月川先生錄粹》等著作。〔註6〕另外在附錄部份亦十分詳備，蒐羅了曹端傳記、年譜、頌贊、從祀錄，以及後學者爲其著作編寫之例言、序跋、提要。〔註7〕《曹端集》在〈點校說明〉〔註8〕中指出，該書之資

〔註4〕詳見（明）劉宗周：〈師說〉，收於（清）黃宗羲：《明儒學案・發凡》（臺北：臺灣商務印書館股份有限公司，1984年7月，《景印文淵閣四庫全書》本，史部二一五，傳記類，冊457），頁5上～5下。「先生」即指曹端；「方正學」乃方孝孺；「薛文清」乃薛瑄。

〔註5〕以上諸書的出版項，詳見於本文主要參考書目「二、近人專著部分」。

〔註6〕詳見（明）曹端著，王秉倫點校：《曹端集》（北京：中華書局，2003年10月），卷1～7。《曹月川先生語錄》爲（清）趙邦清輯次；《曹月川先生錄粹》爲（清）孟化鯉輯次。

〔註7〕同註6，附錄一～七。

料蒐羅，乃經過各種流傳版本的比較整理而成書。曹端著作於現今還留存者均予以收錄，故可說是現今最完備的版本。

閱讀原典爲本文進行之前的首要工作，以《曹端集》爲據，並參考、引用大量的文獻史料，配合學者已研究出來的成果，在這些基礎上找出彼此的蘊涵關係，加以演繹，綜合整理出曹端理學思想系統。特別要說明的是，曹端的各項著作中，有些參用他人之說，特別是二程與朱熹一脈的說法，有的甚至原句套入，如〈西銘述解〉通篇便不乏朱熹原註語，是以我們只能稱〈西銘述解〉乃是曹端整理朱熹註〈西銘〉之作，而非曹端以己意所創之作。這種情況不但在曹端述解朱熹所註之作可以發現，即便是《曹月川先生語錄》與《曹月川先生錄粹》中亦有這種情形。蓋曹端認同二程與朱熹思想，故在講學時引用之而被學生錄下，實無可怪，然本文的中心人物爲曹端，故仍以其自著之語爲討論重點，至於其他引用之說，則以曹端有再發明闡釋者才作論述。

首先在決定研究主題與範圍上，採用間接推理中的選接推理。〔註9〕當我們觀察到羅欽順的理學思想，在明代中期與王守仁心學並處的情形後，便可以成立「羅欽順在明代中期使程朱學派不致全然沒落」的分析命題。這個分析命題帶引出「明代程朱理學開局者爲何人」的疑問，故由該分析命題推思其因果關係，究竟在程朱之學逐漸衰微、王學代之而起的明代中期學術潮流中，羅欽順何以能夠上接程朱學派、而不爲王學所撼動？如此得出兩種可能的假設，一是「羅欽順的理學思想遙接宋代程朱」，二是「羅欽順的理學思想上接明代的中期以前理學家」。第一個假設略過明代初期的可能關聯者，則羅欽順的理學在明代中期出現，便顯得突兀，成爲一個單獨的點，沒有共鳴、沒有承接，如此於理不合，明顯的這個假設並不眞切。去掉第一個假設後，於是第二個假設在選接推理中便爲眞。第二個假設的時間限定在明代，排除宋、元的原因是，宋代屬於第一個假設的範圍，而元代理學思想乃屬於整個宋明理學中的過渡時期，且距羅欽順之時亦遠，則明初至明代中期羅欽順之前，算是最合理的時間範圍設定。在這個範圍內首先注意到薛瑄，繼而發現

〔註8〕 同註6，《曹端集・點校說明》，頁1～6。

〔註9〕 此處所謂選接推理，乃是先提出兩種可能的假設，而這兩種假設彼此可用「或」字連接。是以否定其中一種，便確定了另外一種假設的成立。有關選接推理的相關說明，詳見勞思光：《思想方法五講新編》（香港：中文大學出版社，2000年7月，修訂版），頁68。

薛瑄仍不是明初理學的開局者，但在薛瑄身上找到的線索，提示本文將目標放在稍早的曹端之處。接著以曹端所遺留下來的著作、與其相關史料記載爲據，我們判斷「曹端是明初理學的開局者」，這個命題同時也凸顯了曹端理學的研究價值，是故本文的主題與範圍也因此確立。

在本文第二章「曹端與明初理學發展概況」中，主要採用分析法，爲求明初理學開局的走向，從稍早的元代開始時空分析，將列舉幾位元代思想家以明當時學術趨勢。綜覽元代過渡的理學思潮，如何一方面接著宋代緒餘、一方面又影響明初理學的開局。接著來到曹端的時代，除了分析大環境的因素，從明政府的支持、與當時官方理學著作的成書來切入探討之外，於概述曹端之前，先介紹幾位更早的明初重要理學家，藉此比較出曹端在明初理學中具代表性的事實。在歷史脈絡清楚以後，瞭解了曹端當時所處的時代背景與整個學術風氣，便能正式展開對曹端理學思想的主體研究。

第三章一開始探討曹端理氣論的部分，「太極動靜」的論題可以重新檢視曹端對朱熹所說的形上本體理解爲何，並求出朱熹的原意，藉此比較朱曹二人對「太極動靜」認知的異同。首先使用分析法，在文獻史料中求得朱熹與曹端對「太極」所下的定義，再對兩者的觀念進行比較與綜合。證明曹端確實上接程朱學派後，針對「太極動靜」的問題再次採取比較法，以明白朱曹之間的異同，另一方面也能更清楚曹端的理氣論。理氣的觀念釐清以後，再進一步談曹端對「仁」的體會，即其對「孔顏樂處」的看法。此乃曹端理學中極重要的一環，須將周敦頤、二程、朱熹以來的說法加以檢視，最後論及曹端的意見，以綜合出曹端對「孔顏樂處」的體認。因爲這個議題觸及求仁的方法，如此便關係到進德的工夫論。曹端的工夫論重在事心，主敬且存誠，他的工夫進路有什麼特色？能夠對自身與社會起什麼作用？若將此工夫論放到現實生活中，有沒有具體的修習項目？以上均是曹端工夫論部份所待解決的問題。而我們處理的方法，將針對其著作中的相關論述進行分析，在分析的過程中擬參用演繹法，從已知的說法，推求曹端沒有明言的部分，進而令其事心之學的架構更爲清楚。

第四章是曹端理學中，道德實踐的部分。先採用歸納法，將曹端著作、及其他文獻資料所記載曹端道德實踐的事實，整理出「躬行篤實」、「義理之教」、與「異端之辨」等三大要目，再回過頭來對此三大要目以分析法處理，並舉出足夠的曹端道德實踐例證作爲論據。關於這三大要目可供研究處理的

資料，散見於曹端的《夜行燭》、《家規輯畧》、《曹月川先生語錄》、與《曹月川先生錄粹》中，另外在後人所編年譜、與對曹端的頌讚中，也有相關文獻資料可供利用。如此可以省視曹端的理學是否有實踐的可能，如果有，那麼具體的言論事蹟爲何？與其性格有沒有直接的牽涉？這些都是其理論歸諸實踐之時所須注意的地方。

在理論與實踐的部分結束後，接下來將探討的是第五章「曹端理學對明儒之影響」。這個部分以分析法爲處理資料的大原則。先分析薛瑄、胡居仁這兩位年代與曹端相近的理學家，探求他們與曹端之間是否有相似、甚至是繼承的關係。然後再從薛胡二人循線推求至羅欽順，分析羅欽順對薛胡二人的思想評論、及其自身的主張，我們將可看出曹端的貢獻所帶給明儒的影響，而使理氣論逐漸產生轉變。至羅欽順之時，其思想以氣爲主的趨勢愈見明朗，由是之故，與他同一時期的氣本論大家王廷相，便有必要一併提出來，以供比較。各個思想家的主張論述，還是以分析其著作言論爲主，最後相信可以求出一條屬於曹端的完整影響脈絡。

第六章的焦點放在近人對曹端理學相關議題的研究成果，這個部分擬採用分析法與比較法。將針對兩岸關於研究曹端者，舉出數項著作進行辨析。特別要說明的是，第六章所蒐羅的研究資料，最晚到 2004 年（包含）以前刊出者爲限。2004 年以後至今（2006 年 10 月），相關的參考資料並不多、也不顯著，這部分在下一節「前賢研究成果略論」中會做一梗概介紹。本文所舉的研究成果，或合著、或獨力完成，或專書、或博碩士學位論文，它們是在曹端理學的研究方面，較爲完整、並具代表性的著作。第六章將把這些著作的內容拆開，以相同議題者放置單節之中，如此在同一個曹端理學相關議題下，可以清楚的比較各家說法的出入。而從這些異同之中，也能夠對曹端本身的思想有更進一步的掌握。除了對這些著作的論點詳加辨析，本文亦會以自己的看法與之印證、或檢視彼此認知的異同。遇有疑議之處，則再重新回到原典的相關部分，盡可能蒐羅更多有關資料再次加以分析，以期歸納出客觀的說法。

最終第七章的結論，在主體研究完成之後，綜合所有章節的析論，重新整合本文全體的研究成果，並提出未來展望，此即爲「曹端理學思想研究」中最重要、也是最後的一項工作。

第三節　前賢研究成果略論

現今國內出版的學術著作中，探討或介紹曹端理學的資料非常有限，如早年錢穆〈明初朱子學流衍考〉、林繼平《明學探微》，及稍晚出版的容肇祖《中國歷代思想史・明代卷》、祝平次《朱子學與明初理學的發展》；另外在期刊部份，張克偉〈明初朱學學派述論〉對曹端有所介紹。其他如劉振維〈從曹月川到陳白沙──略論明初心學的緣起與發展〉、〔註10〕王基西〈理學家小傳（三十二）──月川先生曹端〉〔註11〕，前者全文重心不在曹端，實際論及曹端處也不多；後者撰文力求淺明，可供參考者較不顯著。是以在這樣有限的參考資料下，目前國內學位論文尚無專論曹端者。僅有旁及之書，如胡森永《從理本論到氣本論──明清儒學理氣觀念的轉變》第三章第一節作「曹端與薛瑄」；李淑芬《明儒論學宗旨述要》第三章第一節作「曹端──『事心』為功」；鄭自誠《明代前期理學思潮研究》第二章第一節作「曹月川」。雖非專論曹端，畢竟這些論文的成果仍有助本文對曹端進行論述。〔註12〕

由上述可知，目前國內學術界對曹端尚未明顯的重視，雖劉宗周稱其為「今之濂溪」，然周敦頤與曹端在學術研究的關注程度上，顯然有極大的差別。近來大陸在 2003 年出版《曹端集》，將現今所見曹端著作全部整理點校，有助於學者研究曹端。另外，大陸出版的各種哲學相關著作中，不乏論及曹端者，如侯外廬等編《宋明理學史》、苗潤田《中國儒學史・明清卷》、潘富恩等編《中國理學》〔註13〕、張學智《明代哲學史》、陳來《宋明理學（第二版）》等等，這些著作皆為近年來的論著，對本文研究都能提供豐富的研究資料。〔註14〕下面梗概介紹一些重要的前賢研究論著。

早年錢穆先生在〈明初朱子學流衍考〉中，將薛瑄與曹端擺在同一個部分裡談。論及曹端的部分，以曹端〈辨戾〉為主要內容，不但考求出曹端作

〔註10〕劉振維：〈從曹月川到陳白沙──略論明初心學的緣起與發展〉，《哲學雜誌》第 14 期（1995 年 11 月）。

〔註11〕王基西：〈理學家小傳（三十二）──月川先生曹端〉，《中國語文》第 551 期（2003 年 5 月）。

〔註12〕本段所提各項專書與博碩士學位論文，將在本文第六章「近人研究曹端理學之相關議題辨析」中析論。

〔註13〕潘富恩、徐洪興主編：《中國理學》（上海：東方出版社，2002 年 6 月），共 4 卷。

〔註14〕本段所提各項大陸著作，除《曹端集》與《中國理學》之外，其他著作將在本文第六章「近人研究曹端理學之相關議題辨析」中析論。

〈辨戾〉的背後用意，亦對黃宗羲《明儒學案》所評〈辨戾〉之論提出可議之處，如此不但使曹端的主張更明晰，另一方面也能夠對黃宗羲的說法有所認識。此外，前面提到薛瑄與曹端被擺在同一部分討論，這是由於錢穆先生已看出薛瑄與曹端之間有承接的關係。簡言之，薛瑄可說是受曹端影響最為顯著的明儒。

林繼平先生的《明學探微》、與容肇祖先生的《中國歷代思想史・明代卷》也是早年出版的專書。這兩本論著有一共同的特色，在論及曹端思想時，拉近其與心學的距離，《明學探微》更直接將曹端擺在陸九淵心學的領域內。關於這一點，會在本文第六章進行辨析，於此我們只須注意到一件事，即曹端思想中必蘊藏著心學思想的色彩，所以注意到此部分的學者會得出這樣的論點。大致看來，曹端修身進德的工夫論為「事心之學」，這就是其心學色彩所在。在碩士學位論文中，李淑芬先生《明儒論學宗旨述要》也觀察到曹端的事心之學；另外，鄭自誠先生的《明代前期理學思潮研究》，則是觸及到曹端道德實踐的部分。兩岸學者研究曹端多以其理論層面為主要目標，而《明代前期理學思潮研究》舉出曹端的義理教育作論述，此部分的篇幅雖短，卻有助於擴展學者研究方向的多樣化，實可謂之別出心裁。

大陸方面有幾篇關於曹端的期刊與學報論文值得一提，如張雪紅先生的〈試論曹端的教育思想〉，該文將焦點擺在曹端的道德實踐面，從教育思想著手，分出「學為希賢」、「反佛辭闢」、「家庭教育和倫理道德」、「"公廉"從政」、與「躬行實踐」等五部分來探討。〔註15〕其中較特別的是「"公廉"從政」，將曹端的道德實踐面拓展到為政的宗旨來談，可惜目前這部分所能提供的文獻史料並不多，僅能從《明史》及曹端年譜中找到少許相關記載。

閻現章先生的〈試述曹端及其人才觀〉，〔註16〕以歷史的角度描寫曹端生平；陳留成、杜建成兩位先生合著的〈明初理學之冠──曹端〉，〔註17〕則是初步敘述了曹端其人其事，這兩篇期刊論文都以介紹曹端為主要方向。此外，在思想方面旁及曹端理學的期刊學報論文，如唐宇元先生〈朱學在明代的流變與

〔註15〕詳見張雪紅：〈試論曹端的教育思想〉，《三門峽職業技術學院學報》第 4 卷第 4 期（2005 年），頁 12～14，與頁 71。

〔註16〕詳見閻現章：〈試述曹端及其人才觀〉，《晉陽學刊》第 4 期（1994 年），頁 79 ～82。

〔註17〕詳見陳留成、杜建成合著：〈明初理學之冠──曹端〉，《中州今古》第 5 期（2000 年），頁 57。

王學的源起〉，〔註18〕便對曹端的理氣關係作了一點探討；而李煌明、趙四學兩位先生合著的〈踐行義理，不憂即樂——論明代理學中的苦樂觀〉，〔註19〕是最近在 2006 年 6 月發表的學報論文，其中對曹端所論「孔顏樂處」，亦有概略性的論述。

在大陸專書部分的研究，成果十分豐碩。侯外廬先生等編輯的《宋明理學史》，探討到曹端的理氣、心性、工夫論、與孔顏樂處等部分，算是十分全面。該書的編者有十多人，未詳曹端的部分屬於哪一位學者所撰。不過，眾多編者中的唐宇元先生，早年寫過一篇專論曹端的文章——〈論明初曹端的理學及其歷史意義〉，〔註20〕該文的論點多與《宋明理學史》中提及曹端理氣關係的部分相應，惟描述上有一些同異，又《宋明理學史》中關於工夫論與「孔顏樂處」等議題，並不在該篇期刊論文的內容裡面。但大致看來，兩者在理氣關係的論述上，仍是極為契合的。

除《宋明理學史》之外，苗潤田先生的《中國儒學史·明清卷》以曹端的〈辨戾〉、孔顏樂處、與修養工夫為主要論述；陳來先生的《宋明理學（第二版）》有關曹端討論的篇幅雖不多，但是對曹端理論層面的重要議題都有所陳述；而張學智先生的《明代哲學史》也對曹端的思想做全面而精要的探究，並在工夫論方面還有獨到的見解，算是各家之中論述曹端理學最為詳盡的。平心而論，大陸方面提供的參考資料確實比國內豐富。

總體看來，兩岸學者對於曹端理學的研究，以理論層面、即內聖部分的探討為主，至於道德實踐方面，便少有涉獵。而理論層面的研究，除了孔顏樂處與事心之學、即論仁與修養工夫的部分之外，大致上多以〈辨戾〉一文的討論最為熱烈，亦即太極動靜的問題，包括朱熹、曹端兩者的分歧，以及黃宗羲對此所下的評論。關於這部分，很受學者們的重視。不過儘管論述得再全面，畢竟都只是單篇數頁的文章，並未有專論曹端的博碩士學位論文或專書。本文以為在理氣關係、論仁、及進德工夫等內聖部分，必有可再進一步深入瞭解之處；

〔註18〕詳見唐宇元：〈朱學在明代的流變與王學的源起〉，《哲學研究》第 9 期（1986年），頁 70〜75。

〔註19〕詳見李煌明、趙四學合著：〈踐行義理，不憂即樂——論明代理學中的苦樂觀〉，《阿壩師範高等專科學校學報》第 23 卷第 2 期（2006 年 6 月），頁 13〜15、與頁 19。

〔註20〕詳見唐宇元：〈論明初曹端的理學及其歷史意義〉，《河北學刊》第 2 期（1987年），頁 27〜33。

而對於外王的研究，較之內聖的成果可說是更爲不足。其次，有關曹端帶給明儒的影響，目前這方面惟薛瑄是較明顯的對象，但在薛瑄之後，應當還有其他人物可供探討；至於前賢已論述的部分，亦提供了再討論的餘地。因此，相信在既有的研究成果之外，面對曹端這位明初理學的開局者，不管是理論還是道德實踐方面，肯定都有研究空間值得再加以拓展。

第二章　曹端與明初理學發展概況

第一節　從元代的折衷朱陸到明初朱學的官學化

一、元代的過渡時期——折衷朱陸

　　元代是夾在兩宋與明朝之間的理學過渡時期，雖本章主題的時間範圍定在明初，然而要談明初理學發展概況，還是不得不從其前朝——元代所遞嬗的些微影響談起。以下即簡述這個過渡時期的理學思潮概要。

　　宋代結束後，由蒙古人所建立的元朝繼續統治中國。元代的學術思想雖承兩宋而來，但卻未能發展出足夠的規模，故後世學者多稱「宋明理學」，而罕有稱「宋元明理學」者。在元代僅一百七十六年〔註1〕的國祚中，其理學思想雖說是宋代與明代之間的過渡時期，且元代理學向來不如宋明理學來得受重視，但這並不代表它沒有任何進展，其中最顯著的貢獻便是確定程朱理學的官學地位。〔註2〕

〔註1〕蒙古自蒙古太祖鐵木眞稱帝開始（1206），經過蒙古世祖忽必烈至元八年（1271）改國號爲元，最後元代滅亡於明太祖洪武十四年（1381）。筆者稱「僅」，乃相較於宋代國祚三百二十年（960～1279）、與明代國祚二百九十四年（1368～1661）而言。

〔註2〕南宋寧宗慶元二年（1196），宋政府視程朱理學爲僞學而禁之，並免朱熹「秘閣修撰」之官職，至朱熹死後第三年（1202）才解禁。到了元代，元仁宗皇慶二年（1313）將程朱理學納入科舉考試內容，正式成爲官學。直至清德宗光緒三十一年（1905）停辦科舉爲止，程朱理學都處於官學的地位。

　　程朱理學官學化後，元代理學家必須要面對上個朝代產生的大問題——
「朱陸之爭」，〔註3〕而他們的應對表現在逐漸趨向調合朱陸。下舉許衡（1209
～1281）、吳澄（1249～1333）、鄭玉（1298～1358）三人為例，初步認識他
們較具代表性的論點，藉此掌握元代理學風氣的走向。

　　首先看到許衡，其字仲平，號魯齋，學宗程朱。《魯齋遺書》有言：「天
下皆有對，惟一理無對。一理，太極也。」〔註4〕這顯然是自朱熹而來的形上
道體思想。其又謂「萬物皆本於陰陽」，〔註5〕此則是在言形下萬物的生成，
乃是源於陰陽二氣的運行。然陰陽二氣仍要待於形上之理才得以成形，故謂：
「凡物之生，必得此理而後有是形，無理則無形。」〔註6〕大體觀之，他以理
為形上最高本體，這是同於朱熹的。另外，在修養工夫上，許衡曾言：

> 革人之非，不可革其事，要常先革其心。其心既革，其事有不言而
> 自革者也。〔註7〕

這條資料顯示許衡的修養工夫在於革心，正巧與曹端同樣主張在心處下工
夫。而稍後的吳澄，明白提出和會朱陸之說。

　　吳澄，字幼清，晚字伯清，學者稱之為草廬先生。其理氣論主張理是氣
的形上主宰，《吳文正集》有言：

> 理者，非別有一物在氣中，只是為氣之主宰者，即是無理外之氣，
> 亦無氣外之理。〔註8〕

吳澄在此條資料說理氣不可二分，而理為氣之主宰。既處於主宰位置，理便
超然於形上，此說乃近於朱熹。我們再看一條資料，吳澄的列傳中記載其和

〔註3〕 指朱熹與陸九淵兩人的思想爭論。兩人曾在宋孝宗淳熙二年（1175）由呂祖
　　　　謙安排在信州鉛山（今屬江西）鵝湖寺會晤。呂祖謙意在調合朱陸異同，但
　　　　此次會晤的結果並沒有成功。簡言之，陸九淵重視「尊德性」、教人「本心即
　　　　理」；朱熹重視「道問學」、教人「即物窮理」。陸九淵評朱熹為學之失在於支
　　　　離；朱熹則評陸九淵為學之失在於太簡。
〔註4〕 詳見（元）許衡：《魯齋遺書》（臺北：臺灣商務印書館股份有限公司，1985
　　　　年9月，《景印文淵閣四庫全書》本，集部一三七，別集類，冊1198），卷2，
　　　　頁9下。
〔註5〕 同註4，卷1，頁1下。
〔註6〕 同註4，卷1，頁3下。
〔註7〕 同註4，卷1，頁22上。
〔註8〕 詳見（元）吳澄著，（元）吳當編：《吳文正集》（臺北：臺灣商務印書館股份
　　　　有限公司，1985年9月，《景印文淵閣四庫全書》本，集部一三六，別集類，
　　　　冊1197），卷2，頁18上。

會朱陸的說法：

> 朱子於道問學之功居多，而陸子靜以尊德性爲主。問學不本於德性，
> 則其弊必偏於言語、訓釋之末。故學必以德性爲本，庶幾得之。〔註9〕

吳澄指出，問學還須本於德性，是則朱陸二人之說不可偏廢。吳澄思想大致上是兼學朱陸二脈，對兩家學說採取客觀的態度，在贊同朱學之餘，亦能肯定陸學之功，由此可見其調合朱陸的用意。

最後要提的學者，屬於陸學的範疇內。鄭玉，字子美，其學雖爲陸九淵心學一脈，但又能接納朱熹學說之長，認爲朱學中的致知之教可與心學相輔，故其思想特色的具體表現，乃在折衷朱陸。其《師山集》有言：

> 陸子之質高明，故好簡易；朱子之質篤實，故好邃密。……朱子之
> 說教人爲學之常也；陸子之說高才獨得之妙也。二家之學亦各不能
> 無弊焉。陸氏之學，其流弊也如釋了之談空說妙，至於鹵莽滅裂而
> 不能盡夫致知之功；朱氏之學，其流弊也如俗儒之尋行數墨，至於
> 頹惰委靡而無以收其力行之效。然豈二先生立言垂教之罪哉？蓋後
> 之學者之流弊云爾。〔註10〕

上面這段引文，鄭玉客觀的指出朱陸二人之長，朱熹教人博學窮理，陸九淵教人在本心發明此理，而兩家有所謂「流弊」者，乃是後學未逮朱陸之故，非朱陸兩家學說之過錯。大致觀之，鄭玉在元代中可說是折衷朱陸的代表性人物。

身爲外族，元世祖忽必烈稱帝於中國，爲穩定統治權、確立封建的完成，接受儒臣所奏，倡理學以控制士人。即使元政府重視中國固有之理學，中國在蒙古人統治下的元朝仍然國祚短暫，這其中的因素包含了民族與民族之間的文化、思想差異，並與當時政治、經濟……等各方面的因素有關。雖然元代在本節的討論中只是一個過渡時期，但對明初的理學發展，扮演了承先啓後的重要橋樑。

二、明初朱學的官學化

明代建國之初，由於儒家思想講究「君臣有義」，〔註11〕能有效穩定封建

〔註9〕同註8，附錄，頁45下。
〔註10〕詳見（元）鄭玉：《師山集》（臺北：臺灣商務印書館股份有限公司，1985年12月，《景印文淵閣四庫全書》本，集部一五六，別集類，冊1217），卷3，頁19上～20上。
〔註11〕語出《孟子・滕文公上》，詳見（宋）朱熹編：《四書集註・孟子》（臺南：大

體系，爲甫定的局勢消弭異議與貳心。明太祖朱元璋欲鞏固帝國、加強君主集權，便採用儒家學說約束知識份子的思想，看《明史》兩段記載：

> 明初，置儒學提舉司。洪武二年，詔天下府州縣皆立學。〔註12〕

> 洪武元年，太祖既以孔希學襲封衍聖公，因謂禮臣曰：「孔子萬年帝王之師，待其後嗣，秩止三品，弗稱襃崇，其授希學秩二品，賜以銀印。」又命復孔顏孟三家子孫徭役。〔註13〕

設置儒學提舉司、授與孔子第五十六代孫孔希學襲封衍聖公，並免除孔子、顏回、孟子三家子孫徭役，這些政策都是朱元璋自即位之初便重視儒學的事實根據，且洪武十四年（1381）又頒發四書五經於北方學校，〔註14〕洪武十八年（1385）下令釋放聖賢之後因罪服役者。〔註15〕

洪武二十一年（1388）時，解縉上奏萬言書，請命修書：

> 臣見陛下好觀《說苑》、《韻府》雜書，與所謂《道德經》、《心經》者，臣竊謂甚非所宜也。《說苑》出於劉向，多戰國縱橫之論；《韻府》出元之陰氏，抄輯穢蕪，畧無可採。陛下若喜其便於檢閱，則願集一二志士儒英，臣請得執筆隨其後，上泝唐、虞、夏、商、周、孔，下及關、閩、濂、洛，根實精明，隨事類別，勒成一經，上接經史，豈非太平制作之一端歟！〔註16〕

容肇祖《中國歷代思想史（五）‧明代卷》稱解縉這次的上書爲「明代編纂、彙集理學著作的開端」。〔註17〕上面所提朱元璋種種的政令措施，表面上在提高儒家的官學地位，製造其尊崇儒學的假象，實則不過是爲了政治上的需要，余英時先生便謂：

> 明太祖以朱熹注《四書》取士，本是沿襲了元代之舊，他本人似乎

孚書局有限公司，1996 年 7 月，初版三刷），頁 74。

〔註12〕詳見（清）張廷玉等修：《明史‧志第五十一‧職官四》（臺北：臺灣商務印書館股份有限公司，1984 年 3 月，《景印文淵閣四庫全書》本，史部五六，正史類，冊 298），卷 75，頁 27 下。

〔註13〕同註 12，《明史‧志第四十九‧職官二》，卷 73，頁 31 下。

〔註14〕同註 12，《明史‧本紀第二‧太祖二》，史部五五，冊 297，卷 2，頁 24 下。

〔註15〕同註 12，《明史‧志第四十九‧職官二》，卷 73，頁 31 下。

〔註16〕同註 12，《明史‧列傳第三十五》，史部五七，正史類，冊 299，卷 147，頁 1 下～2 上。

〔註17〕詳見容肇祖：《中國歷代思想史（五）‧明代卷》（臺北：文津出版社，1993 年 12 月），頁 7。

對所謂「朱學」並無認識，也無興趣。但爲了政治上的需要，他不
能不作出「詔求能爲朱氏學者」的姿態罷了。〔註18〕

到了明成祖永樂十二年（1414），皇帝下令編修《五經大全》、《四書大全》、
以及《性理大全書》，於次年編修完成。明成祖朱棣在御製序裡有言：

六經之道不明，則人之心術不正，而邪說暴行侵尋蠹害。欲求善治，
烏可得乎？朕爲此懼，乃者命儒臣編修《五經》、《四書》，集諸家傳
注而爲大全，凡有發明經義者取之，悖於經旨者去之。又輯先儒成
書及其論議、格言，輔翼《五經》、《四書》，有禪於斯道者，類編爲
袠，名曰《性理大全書》。〔註19〕

此三部書既稱「大全」，顧名思義是收錄古今往來的傳注資料，至於其取捨標
準，則與朱學有密切關係。下一節本文將針對三部大全書分別做一梗概介紹，
藉以找出其中受朱學勾畫的證據。

第二節　《五經大全》、《四書大全》、與《性理大全書》的編成

《五經大全》的篇幅較另外兩部大全龐大，實則其爲《周易傳義大全》、
《書經大全》、《詩傳大全》、《禮記大全》、《春秋大全》等五部大全書所集結
而成，故下文將《五經大全》分爲五部分說明。而《四書大全》雖由《大學
章句》、《大學或問》、與《論語集註大全》、《孟子集註大全》、和《中庸章句》、
《中庸或問》等六書集結而成，然其中的《大學章句》、《大學或問》、與《中
庸章句》、《中庸或問》，僅是分別將朱熹《四書集註》與《四書或問》中的「大
學」與「中庸」內容編入，並無另外附上諸儒傳注，且整部《四書大全》篇
幅未若《五經大全》龐大，是以下文的《四書大全》不分而述之。至於《性
理大全書》，本無分述之必要。

〔註18〕詳見余英時：《宋明理學與政治文化》（臺北：允晨文化實業股份有限公司，
2004 年 7 月），頁 273。

〔註19〕本文所參考的《景印文淵閣四庫全書》未將此御製序錄於三部《大全》內，
而是將《經義考》所收錄的此御製序列出，詳見（清）朱彝尊：《經義考》（臺
北：臺灣商務印書館股份有限公司，1984 年 10 月，《景印文淵閣四庫全書》
本，史部四三八，目錄類，冊 680），卷 256，頁 6 下～7 上。

一、《五經大全》的部分

（一）《周易傳義大全》

《周易傳義大全》〔註20〕在《四庫全書》中的提要有言：

> 朱彝尊《經義考》謂廣等就前儒成編雜爲鈔錄，而去其姓名。「易」
> 則取諸天台、鄱陽二董氏，雙湖、雲峯二胡氏，於諸書外未寓目者
> 至多云云。天台董氏者，董楷之《周易傳義附錄》；鄱陽董氏者，董
> 眞卿之《周易會通》；雙湖胡氏者，胡一桂之《周易本義附錄纂疏》；
> 雲峰胡氏者，胡炳文之《周易本義通釋》也。今勘驗舊文一一符合，
> 彝尊所論未可謂之苛求。然董楷、胡一桂、胡炳文篤守朱子其說頗
> 謹嚴，董眞卿則以程朱爲主，而博採諸家以翼之。其說頗爲賅備，
> 取材於四家之書，而刊除重複，勒爲一編，雖不免守匱抱殘，要其
> 宗旨，則尚可謂不失其正。〔註21〕

由紀昀等人的〈提要〉可知，胡廣所編《周易傳義大全》，內容以董楷《周
易傳義附錄》、董眞卿《周易會通》、胡一桂《周易本義附錄纂疏》、與胡炳
文《周易本義通釋》爲主。董楷、胡一桂、與胡炳文三人乃爲篤守朱熹之說
的學者，而董眞卿更是以程朱之學爲依歸。如此凸顯了程朱之學的「經說」
在明代具有舉足輕重的地位。因此，《周易傳義大全》採集的資料，可說是
在程朱學派範圍之內。

（二）《書經大全》

《書經大全》〔註22〕在《四庫全書》中的提要有言：

> 臣等謹案《書經大全》十卷，明胡廣等奉勅撰書，以蔡沈《集傳》
> 爲主。〔註23〕

〈提要〉指出，《書經大全》的內容乃以蔡沈《書經集傳》爲主。蔡沈爲朱熹
門人，其《書經集傳‧序》有言：

> 慶元己未冬，先生文公令沈作《書集傳》，……《集傳》本先生所命，

〔註20〕詳見（明）胡廣等著：《周易傳義大全》（臺北：臺灣商務印書館股份有限公
司，1983 年 8 月，《景印文淵閣四庫全書》本，經部二二，易類，冊 28）。

〔註21〕詳見（清）紀昀等著：〈周易傳義大全提要〉，同註20，頁 1 下～2 上。

〔註22〕詳見（明）胡廣等著：《書經大全》（臺北：臺灣商務印書館股份有限公司，
1983 年 8 月，《景印文淵閣四庫全書》本，經部五七，書類，冊 63）。

〔註23〕詳見（清）紀昀等著：〈書經大全提要〉，同註22，頁 1 上。引文中《集傳》
全名爲《書經集傳》，作者蔡沈爲朱熹弟子。

故凡引用師說不復識別。〔註24〕

引文中的「先生」、「文公」即指朱熹，則可確定蔡沈《書經集傳》之成書乃出於朱熹所命，而《書經集傳・序》注文中又提到：

> 先生改本已附文集中，其閒亦有經承先生口授指畫，而未及盡改者，今悉更定，見本篇。〔註25〕

既是朱熹命其所作，又經朱熹「口授指畫」，因此《書經大全》的內容範疇仍在朱學之內。

（三）《詩傳大全》

《詩傳大全》〔註26〕在《四庫全書》中的提要有言：

> 臣等謹按《詩集傳大全》二十卷，明胡廣等撰，亦永樂中所修《五經大全》之一也。自宋以後，言詩者皆宗朱子《集傳》，其薈集眾說以相闡發者，毋慮數十種，往往得失互見。學者旁參博考，亦不能專主一家。至明成祖，始命儒臣輯為大全，以集其成。其與纂修者自胡廣以下，如楊榮、金幼孜等，凡四十二人，悉一時知名之士。然其書實本元安成劉瑾所著《詩傳通釋》，而稍損益之。
>
> 〔註27〕

提要指出，自宋以降，論《詩經》不出朱熹的《詩集傳》，而《詩傳大全》則是以劉瑾《詩傳通釋》為藍本。《詩傳通釋》與朱熹《詩集傳》有無關係？《詩傳通釋》在《四庫全書》中的〈提要〉有言：

> 臣等謹案《詩傳通釋》二十卷，元劉瑾撰。瑾，字公瑾，安福人。是書大旨在於發明朱傳。〔註28〕

「朱傳」指的是朱熹的《詩集傳》，由此可知《詩傳大全》亦不出朱學範疇。

〔註24〕詳見（宋）蔡沈：《書經集傳・序》（臺北：臺灣商務印書館股份有限公司，1983年8月，《景印文淵閣四庫全書》本，經部五二，書類，冊58），頁1上、頁2上。

〔註25〕同註24，頁2上。

〔註26〕詳見（明）胡廣等著：《詩傳大全》（臺北：臺灣商務印書館股份有限公司，1983年8月，《景印文淵閣四庫全書》本，經部七二，詩類，冊78）。

〔註27〕詳見（清）紀昀等著：〈詩傳大全提要〉，同註26，頁1上～1下。《詩傳大全》又稱《詩集傳大全》。

〔註28〕詳見（清）紀昀等著：〈詩傳通釋提要〉（臺北：臺灣商務印書館股份有限公司，1983年8月，《景印文淵閣四庫全書》本，經部七十，詩類，冊76），頁1上。

（四）《禮記大全》

《禮記大全》〔註29〕在《四庫全書》中的提要有言：

> 臣等謹案《禮記大全》三十卷，明胡廣等奉勅撰，……然鄭註古奧、
> 孔疏浩博，均猝不能得其要領，故廣等作是書，獨取其淺近易明者，
> 以陳澔《集說》爲宗。〔註30〕

由提要可知，《禮記大全》乃以陳澔《禮記集說》爲宗。今可在《景印文淵閣
四庫全書》中找到《陳氏禮記集說》〔註31〕共十卷，全書注文不乏用「朱子
曰」引朱熹之言；到了《禮記大全》，更直接把這些引朱熹之言的「朱子曰」
放置正文，且書首的〈總論〉〔註32〕還列出了程頤與朱熹之言爲論據，是故
稱《禮記大全》有沾潤於朱學之處是不錯的。

（五）《春秋大全》

《春秋大全》不但在其〈總論〉〔註33〕引用程朱之言，更在〈凡例〉中
表明宗奉程朱之說：

> 程子、朱子說，并三傳註疏有發明經意者，繼三傳後。諸儒之說與
> 胡傳合而有相補益者，附註胡傳下。文異旨同者去之，其或意義雖
> 殊，而例理可通，則別附于後。〔註34〕

〈凡例〉中指出，《春秋大全》的內容採集有兩大方向，一是程朱之說，以其
合於春秋三傳註疏、且有發明經義者，附於三傳之後；二是諸儒之說，以其
合於胡安國《春秋傳》、且能互補增益者，附於胡傳之下。胡安國約與二程弟
子楊時、游酢等人同時，《宋元學案》記載：

> 祖望謹案：私淑洛學而大成者，胡文定公其人也。文定從謝、楊、
> 游三先生以求學統，而其言曰：「三先生義兼師友，然吾之自得于遺
> 書者爲多。」然則後儒因朱子之言，竟以文定判謝氏門下者，誤矣。

〔註29〕詳見（明）胡廣等著：《禮記大全》（臺北：臺灣商務印書館股份有限公司，
　　　　1983年12月，《景印文淵閣四庫全書》本，經部一一六，禮類，冊122）。
〔註30〕詳見（清）紀昀等著：〈禮記大全提要〉，同註29，頁1上～1下。
〔註31〕（元）陳澔：《陳氏禮記集說》（臺北：臺灣商務印書館股份有限公司，1983
　　　　年12月，《景印文淵閣四庫全書》本，經部一一五，禮類，冊121）。
〔註32〕同註29，《禮記大全·總論》，頁1上～4下。
〔註33〕詳見（明）胡廣等著：《春秋大全·序論·總論》（臺北：臺灣商務印書館股
　　　　份有限公司，1983年12月，《景印文淵閣四庫全書》本，經部一六〇，春秋
　　　　類，冊166），頁8上～31下。
〔註34〕同註33，《春秋大全·凡例》，頁1上～1下。

今溝而出之，南渡昌明洛學之功，文定幾侔于龜山。蓋晦翁、南軒、
東萊，皆其再傳也。〔註35〕

「文定」是胡安國的諡號，「謝、楊、游三先生」指的是二程門人謝良佐、楊
時、游酢等人；至於其自謂「得于遺書者」，遺書指的是二程遺書。由此段引
文可看出，胡安國雖非程門學生，然與程學深有淵源。再回到《春秋大全》，
其〈總論〉引程朱之言，其〈凡例〉又直認採用程朱之說，則稱《春秋大全》
納程朱之學於其中，也是沒有問題的。

二、《四書大全》的部分

《四書大全》中的凡例有言：

《四書大書》，朱子集註諸家之說，分行小書。凡《集成》、《輯釋》
所取諸儒之說有相發明者，采附其下，其背戾者不取。凡諸家語錄文
集，內有發明經註，而《集成》、《輯釋》遺漏者，今悉增入。〔註36〕

凡例中指出，《四書大全》乃以朱熹所註為主體，即以朱熹《四書集註》為主
體，除此之外，再根據「《集成》、《輯釋》」〔註37〕兩書已取、和未取的諸儒
之說，而都能發明朱熹所註者，便予以收錄。故《四書大全》可說是朱熹《四
書集註》的增補本。

三、《性理大全書》的部分

《性理大全書》開頭列有「先儒姓氏」，〔註38〕這些被列出的先儒，其學
說都被引用於《性理大全書》中，雖亦錄有程朱之學以外的思想家，如陸九
淵、蘇軾、蘇轍、黃庭堅⋯⋯等等，但大致仍以程頤、程顥、朱熹及其後學

〔註35〕詳見（清）黃宗羲著，全祖望、黃百家補修：《宋元學案・武夷學案》（成都：
　　　　四川大學出版社，2005 年 5 月，《儒藏》本，史部第 15 冊，歷代學案二），卷
　　　　34，頁 661。
〔註36〕詳見（明）胡廣等著：《四書大全・四書集註大全凡例》（臺北：臺灣商務印書
　　　　館股份有限公司，1983 年 12 月，《景印文淵閣四庫全書》本，經部一九九，四
　　　　書類，冊 205），頁 1 上。引文中首句「四書大書」應為「四書大全」之誤。
〔註37〕詳見（清）紀昀等著：〈四書大全提要〉，同註36，頁 1 下。《集成》為吳真子
　　　　《四書集成》；《輯釋》為倪士毅《四書輯釋》。
〔註38〕詳見（明）胡廣等著：《性理大全書》（臺北：臺灣商務印書館股份有限公司，
　　　　1985 年 2 月，《景印文淵閣四庫全書》本，子部十六，儒家類，冊 710），頁 1
　　　　上～4 下。

佔大多數，如程門的呂大臨、謝良佐、游酢、楊時……等等，朱門的蔡元定、黃幹、陳淳、蔡沈……等等。

所採學說既以程朱之學爲主，所收文章自然亦以程朱之學爲範，如朱熹所著《易學啓蒙》、〔註39〕及其作注的〈太極圖〉、〔註40〕《通書》、〔註41〕〈西銘〉〔註42〕……等等，故《性理大全書》無疑是以程朱之學爲立論成書之據。

由上述可知，三部《大全》多蹈用程朱學說爲主要內容，雖因此限制了它們的框架而使得學術價值並不令人稱賞，但這同時也標誌了朱學在明初學術界的獨尊地位。在約略的瞭解元代理學的過渡思潮後，又清楚了明初朱學官學化的各種手段，包括設置儒學提舉司、積極從事儒學教育、禮遇儒家聖賢之後，以及編訂以朱學爲主要內容的三部大全書，接著把焦點從政治環境轉移到當時具代表性的學者身上。

第三節　明初理學家與曹端小傳

一、明初的理學家

上一節提到，明初的儒家學說是上承宋代理學、經過元代的過渡時期而來，而明初理學的開局，一方面因爲元、明政府提倡程朱學說，使明初理學家多「述朱」，〔註43〕另一方面又受到元代理學家思維已漸趨調合朱陸的影響，所以述朱學者之中，有宗奉固守程朱學說者，卻也有在程朱理學中提出自身的體悟與反思者。這些在「述朱」中反省的聲音，便是受到前朝折衷朱陸的影響，使心學的哲理亦成爲其思想中的一塊拼圖。以下列舉明初三位在曹端之前的著名學者：宋濂（1310～1381）、劉基（1311～1375）、方孝孺（1357

〔註39〕同註38，卷14～17。
〔註40〕同註38，卷1。
〔註41〕同註38，卷2～3。
〔註42〕同註38，卷4。
〔註43〕黃宗義在《明儒學案・姚江學案》提到：「有明學術，白沙開其端，至姚江而始大明。蓋從前習熟先儒之成說，未嘗反身理會、推見至隱，所謂此亦一述朱耳，彼亦一述朱耳。」詳見（清）黃宗義編：《明儒學案・姚江學案》（臺北：臺灣商務印書館股份有限公司，1984年7月，《景印文淵閣四庫全書》本，史部二一五，傳記類，冊457），卷10，頁1上。

～1402），來呈現明初的理學風貌。

首先看到宋濂，其〈呂氏孝感詩序〉嘗謂：

> 天人之際難矣，苟有以感之，非難也。天穹然而在上，人藐然而在
> 下，勢絕而分殊，豈易感哉？然人之身，天之氣也；人之性，天之
> 理也。理與氣合以成形，吾之身與天何異乎？人或不察乎此，而謬
> 迷其天性，始與天爲二矣！〔註44〕

此說近於程朱的「性即理」，講究人性上感通於天理，事實上宋濂亦十分推崇
朱熹：

> 自孟子之歿，大道晦冥，世人擿埴而索塗者千有餘載。天生濂、洛、
> 關、閩四夫子，始揭白日於中天，萬象森列，無不畢見，其功固偉
> 矣，而集其大成者，惟考亭子朱子而已。〔註45〕

然而宋濂在〈六經論〉一文中所表現的思想又是另一種風貌：

> 六經皆心學也，心中之理無不具，故六經之言無不該。六經所以筆
> 吾心之理者也。〔註46〕

由此可看出宋濂的學術傾向亦受有陸九淵心學的影響，且其對陸九淵亦有肯
定之語：

> 學不論心久矣。陸氏兄弟卓然有見於此，亦人豪哉！故其制行如青
> 天白日，不使纖翳可干，夢寐即白晝之爲，屋漏即康衢之見，實足
> 以變化人心。故登其門者，類皆緊峭英邁，而無漫漶支離之病。惜
> 乎力行功加，而致知道闕，或者不無憾也。〔註47〕

宋濂對於朱陸二人採折衷的態度以對，一方面肯定兩者對於儒學的貢獻，一
方面也指出雙方或「支離」或「致知道闕」的問題，而非盲從。總的說來，
宋濂的學術傾向是爲調合朱陸，而以受陸學影響較多。

跟著談到劉基，據《明史》記載：

> 科目者，沿唐宋之舊而稍變其試士之法，專取四子書，及《易》、
> 《書》、《詩》、《春秋》、《禮記》五經命題試士。蓋太祖與劉基所

〔註44〕詳見（明）宋濂：《文憲集・呂氏孝感詩序》（臺北：臺灣商務印書館股份有
　　　　限公司，1985年12月，《景印文淵閣四庫全書》本，集部一六二，別集類，
　　　　冊1223），卷6，頁12下。
〔註45〕同註44，《文憲集・理學纂言序》，卷5，頁30上。
〔註46〕同註44，《文憲集・六經論》，集部一六三，冊1224，卷28，頁20上。
〔註47〕同註44，《文憲集・段干微》，集部一六三，冊1224，卷28，頁42上。

定。……《四書》主朱子《集註》,《易》主《程傳》、朱子《本義》,
《書》主蔡氏《傳》及古註疏,《詩》主朱子《集傳》,《春秋》主《左
氏》、《公羊》、《穀梁》三傳及胡安國、張洽《傳》,《禮記》主古註
疏。〔註48〕

由這段史料可知,明初以《四書》、《五經》為試士命題之根據,乃劉基向朱
元璋建議,且從其所採傳注之範疇,不難看出朱學受重視的程度。

　　劉基對鬼神的看法與朱熹近似,劉基云:

夫人之得氣以生,其身猶火之著木然,魂其燄,體其炭也。人死之
魂復歸於氣,猶火之滅也。其燄安往哉?故人之受氣以為形也,猶
酌海於盃也;及其死而復於氣也,猶傾其盃水而歸諸海也。〔註49〕

劉基在此處以火之著木來比喻,燃燒的火燄代表人的靈魂,而木頭則代表人
的身體。當火之滅、燄之盡,而木成炭,便代表人死氣散。又如酌海水於盃
中,象人之受氣而成形;若將盃水傾回海裡,便象人之體滅,而靈魂復歸於
天地之元氣。這樣的說法與朱熹所言相當:

其聚而生,散而死者,氣而已矣。所謂精神魂魄、有知有覺者,皆
氣之所為也。故聚則有,散則無。……鬼神便是精神魂魄。〔註50〕

上文劉基火之著木的比喻,實與此處朱熹「氣聚則有、氣散則無」的說法相
契合。此外,劉基還以元氣為天地間的肇始本質,曾說:「有元氣乃有天地,
天地有壞,元氣無息。」〔註51〕元氣雖先於天地之存有,但並非作為形上本
體而存在。現存劉基生平著作中,關於理氣的論辯並不多,然而仍有涉及:

天之質,芒芒然氣也,而理為其心,渾渾乎惟善也。善不能自行,
載於氣以行。氣生物而淫於物,於是乎有邪焉,非天之所欲也。人

〔註48〕同註12,《明史‧志第四十六‧選舉二》,卷70,頁1上~2上。

〔註49〕詳見(明)劉基:《誠意伯文集‧神仙第十五》(臺北:臺灣商務印書館股份
　　　　有限公司,1985年12月,《景印文淵閣四庫全書》本,集部一六四,別集類,
　　　　冊1225),卷19,頁23下~24上。

〔註50〕詳見(宋)朱熹著,(清)李光地、熊賜履等編:《御纂朱子全書》(臺北:臺
　　　　灣商務印書館股份有限公司,1985年2月,《景印文淵閣四庫全書》本,子部
　　　　二七,儒家類,冊721),卷51,頁39下。

〔註51〕語出劉基〈天說下〉,收於(明)程敏政編:《明文衡》(臺北:臺灣商務印書
　　　　館股份有限公司,1986年3月,《景印文淵閣四庫全書》本,集部三一三,總
　　　　集類,冊1374),卷12,頁4下。劉基〈天說下〉在《景印文淵閣四庫全書》
　　　　收錄的《誠意伯文集》中有闕文,故不參考該版本。

也者，天之子也。假於氣以生之，則亦以理爲其心。氣之邪也，而
理爲其所勝，於是乎有惡人焉，非天之欲生之也。〔註52〕

劉基此言在解釋何以天理之善亦會生出性惡，其主要關鍵在於「善不能自行，
載於氣以行」，倘若形下之氣邪勝乎理，則有性惡生，而此非至善天理之本然。
這樣的說法，與朱熹將太極視爲寂然不動的至善之理相同，是以在理學範疇
上，劉基可說是止於「述朱」而不雜陸學。

最後要提的是方孝孺。同樣是述朱，然方孝孺與宋濂、劉基並不同。宋濂
對朱陸採折衷態度，劉基止於述朱卻也未對陸學加以評論，而方孝孺即使曾經
隨侍問學於宋濂，然其論學以程朱爲宗，即前文所謂「宗奉固守程朱學說者」，
對陸九淵之心學乃是採取明確的排斥態度。其〈贈金谿吳仲實序〉有言：

六經不必學也，必求於吾心，俟其頓明忽悟而後可。嗚呼！是果何道
耶？且經之作何爲也，聖人思巳之身不能常存以淑來世，故載其所
言、所行者，使人取法焉耳。今人必謂無所用乎經，而可以爲聖賢，
則邪說者果勝於聖人也耶？……而學之謬自附於聖人，而曰聖人之道
固如是，不特誣其身，而又誣後之學者，何其甚惑耶！自斯道之不明，
其欲惑斯民者亦眾矣，然墨者不諱其名爲墨，楊者不諱其名爲楊，申、
韓、老、佛之徒各不諱稱其名，故放言而驅之，則人隨以定，其爲害
可息也。天下之大害莫甚於名是而實非，異端其實，而聖賢其名，此
士所以從之者眾也，然非彼之過也，從之者愚也。〔註53〕

上面這段引文雖未提心學之名，然其所稱「天下之大害莫甚於名是而實非，
異端其實，而聖賢其名」者，便是指心學。陸九淵之心學不必如朱熹著重的
格外在萬物以致知。心學講究於當下反求諸己，本心即理，是以生命所應依
循的道路乃不假外求，即使讀遍六經亦不能夠必然感通天理，外在的一切求
道工夫都是不需要的，那麼究竟要如何才能算是回歸道德之本心呢？方孝孺
稱之爲「必求於吾心，俟其頓明忽悟而後可」，這當然是方孝孺所不認同的。
而陸九淵自述其學乃「因讀孟子而自得之」，〔註54〕故方孝孺有謂「而學之謬

〔註52〕同註49，《誠意伯文集・天說上》，卷8，頁2上。

〔註53〕詳見（明）方孝孺：《遜志齋集・贈金谿吳仲實序》（臺北：臺灣商務印書館
股份有限公司，1985年12月，《景印文淵閣四庫全書》本，集部一七四，別
集類，冊1235），卷14，頁29下～30上。引文中「聖人思巳之身」應爲「聖
人思己之身」之誤。

〔註54〕詳見（宋）陸九淵：《象山集・象山語錄》（臺北：臺灣商務印書館股份有限

自附於聖人，而曰聖人之道固如是，不特誣其身，而又誣後之學者，何其甚惑耶！」可知方孝孺對陸九淵心學極爲不滿。

另一方面，方孝孺對朱熹評價極高，其〈上范先生〉有言：

> 自孔子歿，百餘年而得孟子，又千四百年而得周子、程子，二子之後又復百年而得朱子。此數聖賢於天之所屬任者，可謂無所負矣！
> 〔註55〕

方孝孺在此處贊朱熹，且並提孔孟周程之於前，故他對朱熹的重視程度可見一斑。再看其〈贈盧信道序〉：

> 乾淳之學，莫盛於朱子，博文以致其知，主敬以篤其行，而審於義理之辨，此豈特朱子爲然哉？自孔子以來固然矣。然則師宋之君子，固學孔子者所宜爲也。〔註56〕

這裡論朱熹仍然並提孔子，其謂朱熹之學乃是「孔子以來固然矣」，是則由這些文獻資料可以確定，方孝孺極爲推崇朱熹及其學說。

以上藉由描述三位學者的思想概況，大致瞭解了明初理學的趨勢，而本論文的主角——曹端，便是在明初這樣的學術風氣下，延續程朱理學，進而開創一個新局面。

二、曹端小傳

曹端生於明太祖洪武九年（1376），卒於明宣宗宣德九年（1434），私諡靖修。《明儒學案》記載：

> 曹端，字正夫，號月川，河南澠池人。自幼不妄言動，年十七，遍讀五經，師事宜陽馬子才、太原彭宗古。永樂戊子舉於鄉，明年登乙榜第一，授山西霍州學正。歷九年，丁憂廬墓。壬寅，起補蒲州。洪熙乙巳考績，兩學諸生皆上章請復任霍州，上遂許之。又十年，宣德甲寅六月二日卒於霍州，年五十九。〔註57〕

明宣宗宣德六年（1431），曹端年五十六歲，作「川月交輝圖」，題詩云：

公司，1985 年 9 月，《景印文淵閣四庫全書》本，集部九五，別集類，冊 1156），卷 4，頁 34 下。

〔註55〕同註53，《遜志齋集・上范先生》，卷9，頁40上。

〔註56〕同註53，《遜志齋集・贈盧信道序》，卷14，頁50下～51上。「乾淳」指的是宋孝宗的兩個年號，分別爲乾道、淳熙。

〔註57〕同註43，卷44，頁1上～1下。

天月一輪映萬川，萬川各有月團圓。有時川竭爲平地，依舊一輪月

在天。〔註58〕

此詩深得太極圖旨，「起句喻統體之太極，承句喻各具之太極，轉句喻萬感之俱寂，合句喻一理之常存」，〔註59〕學者以其詩圖取月映萬川之意，遂稱曹端爲月川先生。

劉宗周稱曹端之學「不由師傳，特從古冊中翻出古人公案，深有悟於造化之理。」〔註60〕而曹端晚年自稱「伊、洛後學」，〔註61〕即二程的後學，然觀其語錄與其他述解之作，乃多採朱熹之語。蓋朱熹本爲二程以後宋代理學之集大成者，朱熹自身的哲學思想便受有二程的浸潤，其中程頤對他的影響更是深遠，故學者都以「程朱」名其學脈，是則客觀的說，曹端要算是學宗程朱，但其學又以朱熹之跡較爲明顯。

曹端進德之修養在務求力行，這樣的道德實踐，立基於他的事心之學，黃宗羲《明儒學案》云：

先生以力行爲主，守之甚確，一事不容假借，然非徒事於外者，蓋立基於敬，體驗於無欲。其言「事事都於心上做工夫，是入孔門之大路」，誠哉！所謂有本之學也。〔註62〕

後來的學者對曹端評價極高，《明史》謂其「倡明絕學，論者推爲明初理學之冠」，〔註63〕紀昀〈通書述解提要〉云：「明代醇儒，以端與薛瑄爲最，而端又開瑄之先。」〔註64〕劉宗周亦贊曹端：「雖謂先生爲今之濂溪，可也……愚謂方正學而後，斯道之絕而復續者，實賴有先生一人。」〔註65〕視曹端

〔註58〕詳見（明）曹端著，王秉倫點校：《曹端集・年譜》（北京：中華書局，2003年10月），附錄二，頁298。曹端年譜原作者項爲：（明）張信民著，（清）韓養元續輯、張璟裁定。

〔註59〕同註58。

〔註60〕詳見（明）劉宗周〈師說〉，收於（清）黃宗羲編：《明儒學案・發凡》，同註43，頁5上。

〔註61〕同註58，頁295。

〔註62〕同註43，卷44，頁2下〜3上。

〔註63〕同註12，《明史・列傳第一百七十・儒林》，史部五九，冊301，卷282，頁22下〜23上。

〔註64〕詳見（清）紀昀等著：〈通書述解提要〉（臺北：臺灣商務印書館股份有限公司，1985年2月，《景印文淵閣四庫全書》本，子部三，儒家類，冊697），頁1上〜1下。

〔註65〕詳見（明）劉宗周：〈師說〉，同註43，頁5上〜5下。「先生」即指曹端；「方

的地位相當於開宋代理學先河的周敦頤，劉宗周這樣的讚譽更顯出曹端的重要性。

朱熹曾說：「近世學者不知聖門實學之根本次第，而溺於老佛之說，無致知之功、無力行之實」，〔註66〕曹端既宗程朱，自當致力於實學力行，而其進德之業以事心爲本，以誠、敬爲工夫，曾說「學聖之事，主於一心」，〔註67〕這多少有陸九淵心學的影子存在。另外，曹端所作文章中，〈辨戾〉一篇最常被學者拿來探討。因爲曹端既爲述朱，卻在這篇文章中質疑朱熹在太極動靜上的論述，並提出自己對太極動靜的看法，是以現今著作中關於曹端的研究，多有〈辨戾〉一篇的相關討論。本文將在第三章第一節「太極動靜」中，再對〈辨戾〉作詳細的析論。

曹端生平著述甚多，主要有《孝經述解》、《四書詳說》、《周易乾坤二卦解義》、《太極圖說述解》、《通書述解》、〈西銘述解〉、《性理論》、《儒學宗統譜》、《理學要覽》、《存疑錄》、《夜行燭》、《家規輯畧》諸書，以及後學存錄之《曹月川先生語錄》與《曹月川先生錄粹》。今尙存者，唯《太極圖說述解》、《通書述解》、〈西銘述解〉、《夜行燭》、《家規輯畧》、以及《曹月川先生語錄》、與《曹月川先生錄粹》。〈諸儒評論〉記載：

> 燕山張氏諱璟曰：「先生太極圖、西銘述解已載其略於邑乘，其他書多遺失，不可考。戊戌春，乃訪於裔孫曹繼顏家，觀通書述解，又搜之於晉、於秦，始觀夜行燭、家規輯畧、語錄、錄粹、年譜。共八卷，梓之。」據謝公琚言，先生著述多矣，鼎所見者，止八種耳。
> 伏祈仁人惠我全書，引領望之。 鄗鼎再識。〔註68〕

范鄗鼎與張璟均爲清初順治年間之人，〔註69〕其時曹端著作僅存《太極

正學」乃方孝孺。

〔註66〕同註50，子部二六，冊720，卷3，頁22上。

〔註67〕同註58，《曹端集‧曹月川先生錄粹》，卷7，頁239。

〔註68〕同註58，《曹端集‧頌贊‧諸儒評論》，附錄三，頁339。引文中「諱璟」，及「據謝公琚言」以下至最末，爲行間小字。謝琚爲曹端門人，「鄗鼎」爲范鄗鼎，乃順治十八年進士，王士禎《居易錄》云：「洪洞范鄗鼎彪西……。范，順治辛丑進士」，詳見（清）王士禎：《居易錄》（臺北：臺灣商務印書館股份有限公司，1985年2月，《景印文淵閣四庫全書》本，子部一七五，雜家類，冊869），卷18，頁1上。

〔註69〕上段引文中張璟之言乃節於〈重編靖修曹月川文集序〉，該文最末行記道：「峕順治戊戌歲陽月，澠池縣知縣古燕後學張璟謹識」，同註58，《曹端集‧序跋》，附錄六，頁355。

圖說述解》、《通書述解》、〈西銘述解〉、《夜行燭》、《家規輯畧》，加上後人編輯的《曹月川先生語錄》、《曹月川先生錄粹》與其年譜，共八種，與今日所見相同。

至此，我們對曹端的生平、著述、以及其思想概況有一初步瞭解，下一章將對曹端理學思想的主體內容正式展開研究。

第三章　曹端的理氣論

第一節　太極動靜

　　曹端是明初「述朱」學者中的一員，其理氣論的內容大部分與程朱一致，但本節所要探討的「太極動靜」問題，正是他自身的體悟，而與朱學不盡相同者。在曹端理氣論中先談「太極動靜」，理由是這個問題牽涉到曹端對「太極」觀念的解釋，下文中將會提出，曹端認知的「太極」便是「理」，這也是他理氣論中的基礎；而「太極」的動靜與否，除了可以探討曹端與朱熹學說的出入，還能夠檢視曹端所主張的理氣關係中，理對氣的生生成化，究竟有沒有主導的意識或者能力在其中？換言之，本節所討論者，即是曹端理氣論的根本觀念。

　　在「太極動靜」的論題上，對於朱熹的學說，曹端是信朱註而疑語錄的。關於此點，可以在本節將要探討的〈辨戾〉中見到。然而，曹端所解朱註之意，是否即爲朱熹的本意呢？又朱熹在語錄與註解兩邊對「太極動靜」的意見眞的相左嗎？而曹端所認知的「太極」，其自身能夠「動靜」的理由何在？在切入「太極動靜」問題核心之前，曹端對「太極」此一觀念的解釋、認知，是必須要先行釐清的，如此，後面才能接著討論曹端所闡發的「太極動靜」問題。

　　首先看到曹端在〈太極圖說述解序〉中的首句：「太極，理之別名耳。」〔註1〕很明顯的，曹端直接將「太極」視爲「理」的另一個名稱，亦即「太極」

〔註1〕詳見（明）曹端著，王秉倫點校：《曹端集・太極圖說述解》（北京：中華書

的概念在曹端的認知中是等同於「理」的，而這個「理」即宋明理學家不斷
思辨、解釋的形而上至善的本體。同篇文章中又說：

> 太極者，象數未形而其理已具之稱，形器已具而其理無朕之目。是
> 生兩儀，則太極固太極。兩儀生四象，則兩儀爲太極。四象生八卦，
> 則四象爲太極。推而至於六十四卦，生之者皆太極焉。〔註2〕

在象數未形成前便有太極此理，然後有兩儀、再有四象、再有八卦、直至六
十四卦，「生之者皆太極焉」，太極還是一理，但兩儀直到六十四卦都有太極
具於其中，這便是理一而分殊。曹端此言類於朱熹所云：

> 太極便是一，到得生兩儀時，這太極便在兩儀中；生四象時，這太
> 極便在四象中；生八卦時，這太極便在八卦中。〔註3〕

兩者說法雖然類似，但細看仍有文字描述上的差異，曹端說「兩儀生四象，
則兩儀爲太極」，朱熹說「生四象時，這太極便在四象中」。同爲描述生四象
之時，曹端以兩儀爲太極，朱熹卻認太極在四象中，實則這正是理一分殊的
意思，即曹端所謂「大抵一理散爲萬物，萬物合爲一理」，〔註4〕可以說太極
是理一，而兩儀、四象、八卦、六十四卦皆是氣的分殊。這些分殊各一其性，
但都蘊含太極這個道理而生，這也是朱熹所謂「各一其性，則渾然太極之全
體無不各具於一物之中」〔註5〕的意涵。

曹端在〈太極圖說述解序〉中對於「太極」的不同名義下了解釋：

> 道即太極，太極即道。以通行而言則曰道，以極致而言則曰極，以
> 不雜而言則曰一。〔註6〕

就此可以確定，曹端所理解的「太極」，即是理學家所究之理、所探之道，先
不論「太極」能否動靜的問題，我們可以直說曹端和朱熹所認知的「太極」，
都是形上無對的至善本體。朱熹說：

　　　局，2003 年 10 月），卷 1，頁 1。

〔註2〕 同註1。

〔註3〕 詳見（宋）朱熹著，（清）李光地、熊賜履等編：《御纂朱子全書》（臺北：臺
　　　灣商務印書館股份有限公司，1985 年 2 月，《景印文淵閣四庫全書》本，子部
　　　二六，儒家類，冊 720），卷 12，頁 44 上。

〔註4〕 同註1，《曹端集‧曹月川先生語錄》，卷 6，頁 209。

〔註5〕 此爲朱熹註解周敦頤〈太極圖說〉之語，詳見（宋）周敦頤：《周元公集》（臺
　　　北：臺灣商務印書館股份有限公司，1985 年 9 月，《景印文淵閣四庫全書》本，
　　　集部四〇，別集類，冊 1101），卷 1，頁 3 下。

〔註6〕 同註1，頁 2。

自萬物而觀之，則萬物各一其性，而萬物一太極也。蓋合而言之，萬物統體一太極也；分而言之，一物各具一太極也。所謂天下無性外之物，而性無不在者，於此尤可見其全矣。〔註7〕

「萬物統體一太極」與「一物各具一太極」，便是上文講的理一分殊。且把焦點放在「性」字，朱熹這裡說的「天下無性外之物」，在《二程集》中有記載：「天下無性外之物，以有限量之形氣用之，不以其道，安能廣大其心也？」〔註8〕在這條引文中，「性外之物」的「性」與「不以其道」的「道」，意思是相當的，也就是「性即理」，朱熹註《中庸》「天命之謂性，率性之謂道」說道：

命猶令也；性即理也。天以陰陽五行化生萬物，氣以成形而理亦賦焉，猶命令也，於是人物之生，因各得其所賦之理，以爲健順五常之德，所謂性也。率，循也；道，猶路也。人物各循其性之自然，則其日用事物之閒，莫不各有當行之路，是則所謂道也。〔註9〕

朱熹說「天命之謂性，率性之謂道」的「性」即是理。這裡的「性」是「天命之性」，是與道體等同爲一的本然之性，然而既有天之「命」，則必有受此「命」者，受此「命」者當是形下分殊，故「性」也得跟著落實到形下的氣來講，而有所謂「則其日用事物之閒，莫不各有當行之路」云云。一旦落實到形下的氣來講性，則此性即是「氣質之性」，乃與天命之性對舉。朱熹講天命之性且不離氣質之性而立說，可以在《二程集》中見到線索：「論性不論氣，不備；論氣不論性，不明。」〔註10〕程子如此，朱熹亦如此。再看朱熹說：「論天地之性則專指理言；論氣質之性則以理與氣雜而言之」，〔註11〕此處「天地之性」即所謂「天命之性」，朱熹又說：「氣質之性只是此性墮在氣質之中，故隨氣質而自爲一性。」〔註12〕這樣「氣質之性」的意思便能明白了。因此，

〔註7〕 同註5，頁4下。

〔註8〕 詳見（宋）程顥、程頤著，王孝魚點校：《二程集‧河南程氏粹言》（北京：中華書局，2004年2月，二版三刷），冊下，卷2，頁1252。《河南程氏粹言》未明言此語爲二程中何人所說，但其爲程頤弟子楊時所錄，且此語之發乃答劉安節問「心有限量乎」，劉安節是程頤弟子，故這段引文爲程頤所說的可能性較大。

〔註9〕 詳見（宋）朱熹：《四書集註‧中庸》（臺南：大孚書局有限公司，1996年7月，初版三刷），頁1。

〔註10〕 同註8，《二程集‧河南程氏遺書》，冊上，卷6，頁81。

〔註11〕 同註3，子部二七，冊721，卷42，頁5上。

〔註12〕 同註3，子部二七，冊721，卷42，頁35下。

我們知道朱熹「性即理」的「性」有兩種涵義，就形上至善的道體來看，性是本然之性、天命之性；就形下萬物分殊而言，性則是氣質之性，然而此性亦具有理存在其中，即上文所謂「一物各具一太極也」，也是楊儒賓先生所言：「朱熹氣質之性的概念是理氣關係下的次集合。」〔註13〕

前面將朱熹的論「性」做了梗概的介紹，其實也是在說明曹端之論「性」。曹端論「性」與朱熹同，一樣主張「性即理」，一樣論天命之性而兼談氣質之性。曹端且自謂「逮知命而後，方聞天下無性外之物，而性無不在焉。性即理也。」〔註14〕下面看曹端的具體說法：

> 善本天命之性，帝降之，衷得之，則爲聖、爲賢而參天地；失之，則爲昏、爲愚而同飛走。〔註15〕

人性有聖賢昏愚之不同，然「人之生也，稟天命之性」，〔註16〕而此天命之性是圓滿的，只是落實到人性來講，便因氣質而有差別，這個差別就表現在氣質之性上。下舉曹端兩段文字爲証：

> 人性本善，而感動處則有中節、不中節之分，其中節者爲善，不中節者爲惡。
>
> 人性本善，其惡者多因氣動於欲陷溺耳。及至氣清欲息時，善處自然發露。〔註17〕

「人性本善」意指據於天命而成的人性本是良善的，亦是心所納之理；而心所發用者爲情，情已發則有「感動處」，「感動處」有「不中節」與「中節」之分，即「氣動於欲」、與「氣清欲息」之別。由是雖人性所本爲至善的天命之性，然此性墮於氣質之中而成氣質之性，則情所發者便有中節與不中節的可能，故有善惡不同之表現。

前面將曹端理氣論中的關鍵字詞——諸如「太極」、「理」、「性」等的這些觀念釐清後，接下來便要切入本節的主題——「太極動靜」。首先看曹端〈辨戾〉原文：

〔註13〕詳見楊儒賓：〈氣質之性的問題〉，《臺大中文學報》第 8 期（1996 年 4 月），頁 64。

〔註14〕語出曹端〈存疑錄序〉，收於《曹端集・曹月川先生錄粹》，同註1，卷7，頁249。

〔註15〕同註1，《曹端集・曹月川先生錄粹》，頁 243。

〔註16〕同註1，《曹端集・曹月川先生語錄》，卷 6，頁 219。

〔註17〕此條與上一條引文同註1，《曹端集・曹月川先生錄粹》，頁 243。

先賢之解〈太極圖說〉，固將以發明周子之微奧，用釋後生之疑惑矣。然而有人各一說者焉，有一人之說而自相齟齬者焉，且周子謂「太極動而生陽，靜而生陰」，則陰陽之生，由乎太極之動靜。而朱子之解極明備矣，其曰「有太極，則一動一靜而兩儀分。有陰陽，則一變一合而五行具」，尤不異焉。及觀《語錄》，却謂太極不自會動靜，乘陰陽之動靜而動靜耳，遂謂理之乘氣，猶人之乘馬，馬之一出一入，而人亦與之一出一入，以喻氣之一動一靜，而理亦與之一動一靜。若然，則人爲死人，而不足以爲萬物之靈；理爲死理，而不足以爲萬化之原，理何足尚而人何足貴哉？今使活人乘馬，則其出入、行止、疾徐，一由乎人馭之何如耳，活理亦然。不之察者，信此則疑彼矣，信彼則疑此矣，經年累歲，無所折衷，故爲〈辨戾〉，以告夫同志君子云。〔註18〕

曹端認爲朱熹對於「太極動靜」的說法「自相齟齬」，一說太極自會動靜、一說太極不自會動靜，究竟朱熹的本意爲何者？且看周敦頤〈太極圖說〉中朱熹的一段註語：

太極者，本然之妙也；動靜者，所乘之機也。太極，形而上之道也；陰陽，形而下之器也。是以自其著者而觀之，則動靜不同時，陰陽不同位，而太極無不在焉；自其微者而觀之，則冲漠無朕，而動靜、陰陽之理已悉具於其中矣。〔註19〕

太極爲陰陽動靜的「本然之妙」，即陰陽動靜的所以然；陰陽動靜爲太極的「所乘之機」，即所謂太極「乘陰陽之動靜而動靜」。是以此段註語是站在「太極不自會動靜」的立場，動靜的不是太極而是氣，太極則是包含著陰陽動靜之理的形上超驗本體。再看三條引文，朱熹說：

動靜者，氣也，其所以能動靜者，理也。〔註20〕

陽動陰靜，非太極動靜。〔註21〕

太極只是理，理不可以動靜言。惟動而生陽，靜而生陰，理寓於氣，

〔註18〕 同註1，《曹端集・辨戾》，頁23～24。

〔註19〕 同註5，頁2上～2下。

〔註20〕 詳見（宋）朱熹：《晦庵集》（臺北：臺灣商務印書館股份有限公司，1985年9月，《景印文淵閣四庫全書》本，集部八三，別集類，冊1144），卷57，頁57下～58上。

〔註21〕 同註3，子部二七，冊721，卷49，頁14上。

> 不能無動靜。所乘之機，乘如乘載之乘，其動靜者乃乘載在氣上，
> 不覺動了靜，靜了又動。〔註22〕

這三條引文同樣代表了朱熹「太極不自會動靜」的主張，而朱熹所舉人乘馬之喻，原文如下：

> 太極，理也；動靜，氣也。氣行則理亦行，二者常相依，而未嘗相離
> 也。太極猶人，動靜猶馬；馬所以載人，人所以乘馬；馬之一出一入，
> 人亦與之一出一入。蓋一動一靜而太極之妙未嘗不在焉。〔註23〕

朱熹在上面這段文字中確實揭示動靜者是氣，而不是太極，至於曹端所稱「自相齟齬」之處為何？朱熹曰：「有太極，則一動一靜而兩儀分。有陰陽，則一變一合而五行具」，〔註24〕曹端認同此語，以其義為「太極自會動靜」，而本文參考祝平次先生《朱子學與明初理學的發展》的說法，〔註25〕認為「太極」並不是「一動一靜」的主詞，該文句並非直說太極一動一靜而兩儀分，乃是先說「有太極」，強調有了太極之後，才有「一動一靜而兩儀分」的發生，然「一動一靜而兩儀分」未必是太極自身，情形當然也有可能是這樣：「有太極」之後，「某物」才有所據而「一動一靜而兩儀分」。若此，則「某物」應當是「氣」，亦是「一動一靜」的主詞，而太極便能順理成章的保有「動靜之依據」的位置，也就是動靜的「所以然」，如此解則朱熹的說法便不會產生矛盾，本文並非強為朱熹辯護，乃是提出一客觀之可能，而將此一可能置於朱熹學說內來看更為合理。至此，我們可以確定朱熹的本意是「太極自身並不會動靜」。

確定了朱熹的本意後，接著檢查曹端的意見。曹端以朱熹人乘馬之喻，推演出「理為死理，而不足以為萬化之原」的結論，當然曹端不滿足於這樣的結論，於是進一步提出自己的說法，欲使朱熹所喻之理搖身一變成為更具主導性的「活理」。換言之，曹端認為朱熹「馬之一出一入，而人亦與之一出一入」的比喻，不足以看出理之所以能為「萬化之原」的根據，因此才修正其喻，改為活人乘馬。本文以為，朱熹人乘馬之喻確是有致理於「死理」的可能，但僅是「可能」罷了，朱熹在該喻最末說：「蓋一動一靜而"太極之妙"

〔註22〕 同註3，子部二七，冊721，卷49，頁35下。
〔註23〕 詳見（宋）黎靖德編：《朱子語類》（臺北：臺灣商務印書館股份有限公司，1985年2月，《景印文淵閣四庫全書》本，子部八，儒家類，冊702），卷94，頁19下。
〔註24〕 同註5，頁2下。
〔註25〕 筆者將祝平次先生之說整理於本文第六章第一節，頁93～94。

未嘗不在焉。」語意爲「一動一靜」之中皆具有「太極之妙」存在，其大可直說「一動一靜而"太極"未嘗不在焉」，即所謂「一物各具一太極也」，〔註26〕然而朱熹在該喻中，於太極之後加上「妙」字，以「太極之妙」取代「太極」，則「妙」字必有其深意，至於此深意爲何？我們可以說，朱熹這樣的用法雖然不明顯，但仍或多或少以「妙」字提示了「太極」之所以能爲「萬化之原」的依據、資格。太極自身雖沒有動靜，但卻蘊涵著動靜之理。甚至可以說，太極本身超越了動靜，因爲它是形上的本體，在理變化氣的過程中，只要牽涉到動靜，都是形下的氣所表現的狀態。而太極跟氣之流行的關係，就在於氣並不是毫無目的、終始的流行，其所以流行的根據、依循，便是來自於太極裡頭，即所謂「太極之妙」。

　　檢視過曹端的意見，接著進一步來找出曹端作〈辨戾〉的背後用意。就朱曹二人對「太極動靜」的意見分歧來看，較之朱熹，曹端明顯欲提昇理的主導性、鞏固其形上至高本體的地位，並更加強調其爲形下萬化動靜的根源，然此舉不只是求理論上的闡發，另外還有其實質意義存在，即曹端作〈辨戾〉一文的背後用意所在。究竟其苦心爲何？明清之際的學者孫奇逢有言：

> 月川子於《太極圖說》暨〈西銘〉，大都以朱子爲依歸，獨〈辨戾〉
> 一則所以効忠於考亭者，良工心獨苦。……不知者謂與紫陽爲難，
> 則豈知大道無我之公哉？不戾於周，何戾於朱？〔註27〕

孫奇逢認爲曹端之作〈辨戾〉，並非責難於朱熹，而且還是「良工心獨苦」。錢穆先生亦有提示，他舉出下面這段曹端的語錄，以見其作〈辨戾〉之苦心所在：〔註28〕

> 吾儒之虛，虛而有，如曰：「無極而太極，太極生兩儀，兩儀生四象，
> 四象生八卦。」自身心性情之德，人倫日用之常，以至天地鬼神之
> 變，鳥獸草木之宜，何往非理之有？老氏之虛，虛而無，如曰：「道
> 在太極之先。」却說未有天地萬物之初，有箇虛空道理在，乃與人
> 物不干涉，不知道只是人事之理。吾儒之寂，寂而感，如曰：「寂然
> 不動，感而遂通天下之故。」蓋此心方其寂然，而民彝物則燦然具

〔註26〕同註5，頁4下。
〔註27〕語出孫奇逢〈月川先生太極圖西銘述解序〉，同註1，《曹端集·序跋》，附錄六，頁358。
〔註28〕詳見錢穆：《中國學術思想史論叢（四）》（臺北：聯經出版事業股份有限公司，1994年9月，錢賓四先生全集本），冊21，頁41～42。

備其中，感而遂通，則範圍不出一心。酬酢之通乎萬變，爲法天下，可傳後世，何往非心之感？佛氏之寂，寂而滅，如曰：「以空爲宗。」未有天地之先爲吾眞體，以天地萬物爲幻，人事都爲粗迹，盡欲屏去了，一歸眞空，此等烏能察夫義理、措諸事業？朱子謂門弟子曰：「佛老不待深辨，只廢三綱五常這一事，已是極大罪名，他不消說。」〔註29〕

曹端在這段文字中指出，相較於佛、老兩家的「寂而滅」、「虛而無」，理學家所謂的「理」，有其「虛而有」、「寂而感」的積極性。理並非空懸於天，乃是形下萬化最初、最原始的肇端，並與之相交感而爲萬化流行的依據。是以此理不但是形上至高全善的圓融本體，更可以就著世間一切事物來講、落實到現實人生中體會，這種儒家傳統的入世態度便是與佛、老兩家明顯的差異所在。也可以說，曹端在這段文字揭示的異端之辨，便是其作〈辨戾〉一文的背後用意所在。

本節的最後，要提到黃宗羲對〈辨戾〉的評論：

先生之辨雖爲明晰，然詳以理馭氣，仍爲二之。氣必待馭於理，則氣爲死物。抑知理氣之名，由人而造。自其浮沉升降者而言則謂之氣；自其浮沉升降不失其則者而言則謂之理。蓋一物而兩名，非兩物而一體也。〔註30〕

錢穆先生〈明初朱子學流衍考〉認爲黃宗羲以理氣非二物、一物而兩名，雖合於「理氣不離」之意，然未能兼顧「理氣不雜」之意。黃宗羲將理與氣相雜而爲一物，則此一物不論偏於何者，均有失其當；既有理氣二名，便不能斷然將之雜而爲一。〔註31〕本文同意錢穆先生的看法，不過，黃宗羲的說法仍有一處可議，其言「自其浮沉升降者而言則謂之氣；自其浮沉升降不失其則者而言則謂之理」，表面上以理氣非二物，然而所謂「不失其則」之「則」當作何解釋？黃宗羲以氣的浮沉升降合於「則」的這整件事作爲理，如果說要合乎此「則」才能算是理，換言之不合於此「則」便不能算是理，那麼此「則」的位置竟然超過形上之理，這不就矛盾了嗎？所謂「則」者，規則也，

〔註29〕同註1，《曹端集・曹月川先生語錄》，卷6，頁210。
〔註30〕詳見（清）黃宗羲編：《明儒學案》（臺北：臺灣商務印書館股份有限公司，1984年7月，《景印文淵閣四庫全書》本，史部二一五，傳記類，冊457），卷44，頁3上～3下。
〔註31〕錢穆先生的相關說法，同註28，頁40。

既是氣的浮沉升降之規則，那就可以直認其爲理了，黃宗羲欲以「一物而兩名」立論評〈辨戾〉，實則自己的說法亦落在「兩物而一體」，套用其語便是「仍爲二之」。

第二節 孔顏樂處

上一節談過了曹端對道體，也就是對太極、對理的論述，接下來本節要探討曹端論仁的部分。「仁」可以做爲眾德之總目，同時它也是一個境地，這個「仁境」是儒者們共同企盼的理想目標，宋明理學家對此討論更是豐饒，而本節題目「孔顏樂處」與之息息相關，也可以說是理學家追求仁境的抽象提示。曹端於「孔顏樂處」此一論題的發展有過重要貢獻，在展開分析之前，先從曹端以前的儒者對「仁」的認知與體會來加以觀察。

首先看二程中的程顥如何論仁：

> 醫書言手足痿痺爲不仁，此言最善名狀。仁者，以天地萬物爲一體，莫非己也。認得爲己，何所不至？若不有諸己，自不與己相干。如手足不仁，氣已不貫，皆不屬己。故「博施濟眾」，乃聖之功用。仁至難言，故止曰「己欲立而立人，己欲達而達人，能近取譬，可謂仁之方也已。」欲令如是觀仁，可以得仁之體。〔註32〕

程顥認爲，「仁」乃與天地萬物爲一體，「莫非己也」是說人與天地萬物渾然和合而皆有此仁，故求仁須反求諸己，己立才能立人，己達才能達人。朱熹解程顥這段文字說道：

> 明道「醫書手足不仁……可以得仁之體」一段，以意推之，蓋謂仁者，天地生物之心，而人物所得以爲心，則是天地人物莫不同有是心，而心德未嘗不貫通也。雖其爲天地、爲人物各有不同，然其實則有一條脉絡相貫，故體認得此心而有以存養之，則心理無所不到，而自然無不愛矣。才少有私欲蔽之，則便間斷發出來，愛便有不到處，故世之忍心無恩者，只是私欲蔽錮，不曾認得我與天地萬物心相貫通之理，故求仁之切要，只在不失其本心而已。若夫「博施濟眾」，則自是功用，故曰何干仁事，言不於此而得也。仁至難言，亦以全體精微未易言也，止曰立人、達人，則有以指夫仁者之心，而

〔註32〕同註8，《二程集‧河南程氏遺書》，冊上，卷2上，頁15。

便於此觀，則仁之體庶幾不外是心而得之爾。〔註33〕

朱熹指出程顥之意在「仁者，天地生物之心，而人物所得以爲心」，但有時私欲蔽心，便如「手足不仁，氣已不貫」，則吾人應當保持此心之澄明，如此仁體便能「不外是心而得之爾」。再看兩段朱熹的文字：

> 心須兼廣大流行底意看，又須兼生意看，且如程先生言，仁者，天地生物之心，只天地便廣大生物、便流行生生不窮。〔註34〕

> 仁者，天地生物之心，而人生所得以爲心者，其體則通天地而貫萬物，其理則包四端而統萬善，蓋專一心之全德，而爲性情之主，即所謂乾坤之元者也。〔註35〕

從這兩段文字更可清楚知道，程顥與朱熹所認知的仁體是生生不窮、廣闊於天地間的，這樣的看法爲曹端所接受，其謂仁之體是「天地之體」、仁之用是「天地之用」，所以「存之則道充，居之則身安」，〔註36〕我們看他在《通書述解》裡說道：

> 仁者，天地生物之心，而人所受以生者。所以爲一心之全德，萬善之總名，而爲參天地、贊化育之本體焉。人而不仁，則生理息矣、人道滅矣，而不以爲恥，則尤不足爲萬物之靈也。〔註37〕

如此可以確定曹端對「仁」的看法，爲「一心之全德，萬善之總名」，這是在道德實踐上說。而這樣的認知，乃是從程顥、朱熹二子而來的基礎。除了把仁放在道德實踐的層次之外，曹端又謂：

> 仁者，天地生物之心，而人所受以生之理。斯理也，斂之不盈方寸，充之則塞宇宙；養之不間俄頃，達之則貫幽明。所以爲一心之全德，萬善之總名，包羅天地，揆敘萬物。〔註38〕

曹端在這段文字中直接提出「理」字以稱「仁」，此與前述道德實踐的層次不同，曹端在這裡把仁放在形上本體的層次視之。上一節談到曹端主張「性即理」，那麼此處加上「仁」的觀念，必須再稍作分析。理自是理，有「性」之稱，乃是就著形下的人物方說下貫成「性」，而曹端所談的「性」，有「天命

〔註33〕同註23，卷95，頁16下～17上。

〔註34〕同註3，子部二七，冊721，卷44，頁2下。

〔註35〕同註3，子部二七，冊721，卷47，頁41下。

〔註36〕同註1，《曹端集・通書述解》，卷2，頁78。

〔註37〕同註1，《曹端集・通書述解》，卷2，頁47。

〔註38〕同註1，《曹端集・曹月川先生語錄》，卷6，頁234。

之性」與「氣質之性」對舉，前者純然是理，後者則雜有形下的氣。再說到「心」，以曹端的立場來看，它不會是「理」，也不能直說是「仁」。心是所以稟受、裝載形上天道、天理的地方，然而心屬形下的氣，有時會遭受私欲的蒙蔽，故吾人須藉修養使此心湛然，則此心便足以納天理。此心納天理後，其人所展現、流露出來的精神，便是「仁」；若就著「心」來說，則為「一心之全德」。又「仁」乃「天地生物之心，而人所受以生之理」，故天地萬物皆有此「仁」，惟此心能完全體會仁境之時，便可發現吾人所擁有的「仁」，實渾然與萬化同體，這就是曹端思想的核心所在。

　　掌握了曹端論「仁」的觀念，接下來看本節的主題「孔顏樂處」。「孔顏樂處」此一論題，乃由周敦頤向二程提出，《二程集》記載：「昔受學於周茂叔，每令尋顏子仲尼樂處，所樂何事。」〔註39〕所謂「顏子仲尼樂處」，《論語》中有言：

> 子曰：「賢哉回也！一簞食、一瓢飲，在陋巷，人不堪其憂，回也不
> 改其樂。賢哉回也！」〔註40〕

> 子曰：「飯疏食飲水，曲肱而枕之，樂亦在其中矣，不義而富且貴，
> 於我如浮雲。」〔註41〕

當周敦頤之時，正逢道學創立之初，在隋唐佛學的餘風下，宋儒為反抗外來文化衝擊，必須回歸傳統，從先秦典籍中尋求出路與依歸。然而，「孔顏樂處」雖由周敦頤向二程提出，但其自身亦未給予明確解答，僅在《通書》論及顏回之樂：

> 顏子一簞食，一瓢飲，在陋巷，人不堪其憂，而不改其樂。夫富貴，
> 人所愛也，顏子不愛不求，而樂乎貧者，獨何心哉？天地間有至貴
> 至富可愛可求，而異乎彼者，見其大而忘其小焉爾。見其大，則心
> 泰。心泰，則無不足。無不足，則富貴貧賤處之一也。處之一，則
> 能化而齊，故顏子亞聖。〔註42〕

所謂「忘其小」之「小」者，應指世間「至貴至富」的物質生活、耳目之欲；

〔註39〕同註8，《二程集・河南程氏遺書》，冊上，卷2上，頁16。

〔註40〕語出《論語・雍也》，同註9，《四書集註・論語》，卷3，頁36。

〔註41〕語出《論語・述而》，同註9，《四書集註・論語》，卷4，頁44。

〔註42〕同註1，《曹端集・通書述解》，卷2，頁77～80。據明代朱時恩之說，「孔顏
　　　　樂處」的提出乃周敦頤受教於晦堂祖心而來的。詳見（明）朱時恩：《居士
　　　　分燈錄》，卍續藏本，冊86，卷2，頁600。

相對的，「見其大」之「大」者，周敦頤雖沒有明說，但可以推測它超然於
物質之上，我們應當在精神層次上尋求答案。又周敦頤認爲，顏回心胸廣泰
而寡欲知足，既已知足，則其處富貴貧賤自然如一。有這種精神境界，進而
可變化氣質與聖人齊。然顏回處在將化之際、已齊之前，乃未臻至聖，故周
敦頤稱他爲亞聖、程頤稱之「若化則便是仲尼」、〔註43〕而曹端則稱其「已
到那將化未化之地」。〔註44〕周敦頤此一論述確未曾說破「顏回之樂」者何，
自然也未及於「孔顏樂處」，但他婉轉的道出一個重點——即「見其大」。所
謂「見其大」，此「大」者爲何？究竟於「孔顏樂處」此一論題扮演肇因、
亦或境界？周敦頤並沒有接著展開論述，不過我們知道它是顏回足以「化而
齊」的關鍵。

　　這裡必須要特別說明，周敦頤所謂「顏子亞聖」者，不同於後世所稱。如
《明史》記載：「復聖顏子、宗聖曾子、述聖子思子、亞聖孟子」，〔註45〕這才
是今日所熟知的；而周敦頤此處所謂「顏子亞聖」，一方面指顏回的德性層次接
近聖人而言，另一方面，自唐代之時，唐玄宗便封顏回爲「亞聖」，〔註46〕直至
元代文宗之時才移「亞聖」之稱以封孟子、改加封顏回爲「復聖」。〔註47〕故於
宋代周敦頤之時，稱顏回「亞聖」是沒有問題的。

　　到了二程，他們兄弟二人也沒有說破「孔顏樂處」。如同其師，他們對顏
回之樂亦有所提示。程顥說：

　　　　顏子在陋巷，人不堪其憂，回也不改其樂。簞瓢、陋巷非可樂，蓋
　　　　自有其樂耳，「其」字當玩味，自有深意。〔註48〕

程顥只說「回也不改其樂」的「其」應當加以琢磨，本文以爲此處程顥所理

〔註43〕同註8，《二程集‧河南程氏遺書》，冊上，卷15，頁156。

〔註44〕同註1，《曹端集‧通書述解》，卷2，頁80。

〔註45〕詳見（清）張廷玉等修：《明史‧志第二十六》（臺北：臺灣商務印書館股份
　　　　有限公司，1984年3月，《景印文淵閣四庫全書》本，史部五五，正史類，冊
　　　　297），卷50，頁12上。

〔註46〕「顏子淵既云亞聖，須優其秩，可贈兗公」，詳見（後晉）劉昫等修：《舊唐
　　　　書‧志第四》（臺北：臺灣商務印書館股份有限公司，1984年3月，《景印文
　　　　淵閣四庫全書》本，史部二六，正史類，冊268），卷24，頁16上。

〔註47〕「顏子兗國復聖公，曾子郕國宗聖公，子思沂國述聖公，孟子鄒國亞聖公」，
　　　　詳見（明）宋濂、王禕等修：《元史‧本紀第三十四‧文宗三》（臺北：臺灣
　　　　商務印書館股份有限公司，1984年3月，《景印文淵閣四庫全書》本，史部五
　　　　〇，正史類，冊292），卷34，頁22上～22下。

〔註48〕同註8，《二程集‧河南程氏遺書》，冊上，卷12，頁135。

解的「其」，即周敦頤所謂「見其大」之意，皆是從精神層次上說。朱熹對此的看法則是：

> 愚按程子之言，引而不發，蓋欲學者深思而自得之，今亦不敢妄爲之說。學者但當從事於博文約禮之誨，以致於欲罷不能而竭其才，則庶乎有以得之矣。〔註49〕

「博文約禮」是朱熹所指示爲學進德的工夫，他還指出，若精神境界未臻於此，哪裡能瞭解其所樂之處，「且要得就他實下工夫處做，下梢亦須會到他樂時節。」〔註50〕不過朱熹也「不敢妄爲之說」顏回所樂者何，對於講「孔顏樂處」，其採取的態度也同於二程，一樣「引而不發」，以至於有人問他「不改其樂」與「樂在其中矣」的輕重分別，朱熹僅回答：「不要去孔顏身上問，只去自家身上討。」〔註51〕關於這兩者的分別，即使朱熹未曾說破「孔顏樂處」，終究還是將「不改其樂」與「樂在其中矣」做了比較：

> 孔顏之樂大綱相似，難就此分淺深。唯是顏子止說「不改其樂」，聖人却云「樂亦在其中」。「不改」字上恐與聖人略不相似，亦只爭些子。聖人自然是樂，顏子僅能不改，如云「得」與「不失」，得是得了，若說不失亦只是得，但說不失則僅能不失耳，終不似得字是得得穩，此亦有內外賓主之意。〔註52〕

從朱熹這裡的論述，我們可以知道，儘管「不改其樂」與「樂在其中矣」都是不同於凡俗所樂，難以斷其深淺，不過還是有著如同「得」與「不失」一般的分別，只是這個分別極爲細小罷了。這也是朱熹在「孔顏樂處」這個論題中，說得較明白之處。

　　再回到二程論顏回之所樂。究竟顏回所樂者爲何？是否與其窮困的生活有關係？我們看《二程集》中的資料怎麼說：

> 顏子簞瓢，非樂也，忘也。〔註53〕

> 顏子陋巷簞瓢不改其樂，簞瓢陋巷何足樂？蓋別有所樂以勝之耳。

〔註49〕詳見《論語・雍也》「回也不改其樂。賢哉回也！」後之夾註，同註9，《四書集註・論語》，卷3，頁36。

〔註50〕同註3，卷14，頁18下。

〔註51〕同註3，卷14，頁19下。

〔註52〕同註3，卷14，頁19下～20上。

〔註53〕同註8，《二程集・河南程氏遺書》，冊上，卷6，頁88。此語未註明爲二程中的何人所言。

伊川〔註54〕

　　子曰：顏子非樂簞瓢陋巷也，不以貧累其心、而改其所樂也。〔註55〕

從上面這三條資料，可知顏回陋巷簞瓢之窮，與其樂當無關係。窮困的生活
並不是一件可樂之事，而顏回之所以能「不改其樂」，乃因另外有一件事使他
樂而忘窮。確切一點的說法是，陋巷簞瓢之窮，不足以勝過使顏回感到快樂
的那件事，但那件事所指為何？又世上窮困者也不獨顏回一人，能自得其樂
者亦未必僅僅顏回一人，周敦頤和二程何以單單對顏回的「不改其樂」感興
趣？《二程集》中的資料如此解釋：

　　或問：「顏子在陋巷而不改其樂，與貧賤而在陋巷者，何以異乎？」
　　曰：「貧賤而在陋巷者，處富貴則失乎本心。顏子在陋巷猶是，處富
　　貴猶是。」〔註56〕

　　或問：「陋巷貧賤之人，亦有以自樂，何獨顏子？」子曰：「貧賤而
　　在陋巷，俄然處富貴，則失其本心者眾矣。顏子簞瓢由是，萬鍾由
　　是。」〔註57〕

原來二程之所以重視顏回之所樂，即與周敦頤稱其「富貴貧賤處之一」的意
思相同。著眼處在於，顏回與常人不同，其所樂者與貧賤、富貴的差異無關。
這又再度說明了顏回之所樂者，不能從物質生活方面來尋解，須從其精神層
次方面才能求得答案。朱熹也這麼說過：

　　樂亦在其中，此樂與貧富自不相干，是別有樂處。如氣壯底人遇熱
　　亦不怕、遇寒亦不怕；若氣虛則必為所動矣。〔註58〕

　　聖人之心無時不樂，如元氣流行天地之間，無一處之不到、無一時
　　之或息也，豈以貧富貴賤之異而有所輕重於其間哉？〔註59〕

朱熹的意思同於二程，然而二程與朱熹都「欲學者深思而自得」，故沒有給予

〔註54〕同註8，《二程集・河南程氏外書》，冊上，卷8，頁399。
〔註55〕同註8，《二程集・河南程氏粹言》，頁1233。《河南程氏粹言》為程頤弟子楊
　　　　時所錄，則其所謂「子曰」當指程頤之言的可能性較大。
〔註56〕同註8，《二程集・河南程氏遺書》，冊上，卷25，頁320。
〔註57〕同註8，《二程集・河南程氏粹言》，頁1238。
〔註58〕同註3，卷15，頁23上。
〔註59〕詳見（宋）朱熹：《四書或問》（臺北：臺灣商務印書館股份有限公司，1983
　　　　年12月，《景印文淵閣四庫全書》本，經部一九一，四書類，冊197），卷12，
　　　　頁13下。

明確的答案。即使如此，程頤還是曾明確的指出，顏回所樂者非道本身。試看一段程頤與問學者的對話：

> 鮮于侁問伊川曰：「顏子何以能不改其樂？」正叔曰：「顏子所樂者何事？」侁對曰：「樂道而已。」伊川曰：「使顏子而樂道，不爲顏子矣。」〔註60〕

這裡所謂「使顏子而樂道，不爲顏子矣」，應是說「孔顏樂處」這個論題的核心並不是「樂道」，我們看另一處記載的同一件事：

> 鮮于侁問曰：「顏子何以能不改其樂？」子曰：「知其所樂，則知其不改。謂其所樂者何樂也？」曰：「樂道而已。」子曰：「使顏子以道爲可樂而樂乎，則非顏子矣。」〔註61〕

在「顏回以陋巷簞瓢之窮卻能不改其樂」的這個命題下，其樂並非樂道之樂，乃別有所指，然何以謂樂道則非顏回？朱熹如此解釋：

> 愚按程子之言，但謂聖賢之心與道爲一，故無適而不樂。若以道爲一物而樂之，則心與道二，而非所以爲顏子耳。〔註62〕

朱熹以「聖賢之心與道爲一」持論，既然爲一，便不會再別出一個道而樂之，且聖人之心「表裏精粗無不昭徹」，是以「形骸雖是人，其實是一塊天理，又焉得而不樂？」〔註63〕換言之，達到聖賢的境界時，此道可與心合而爲一，這不正是曹端所說「斂之不盈方寸，充之則塞宇宙」的「仁」嗎？不錯，「仁」即是「孔顏樂處」的關鍵，《二程集》云：

> 仁者在己，何憂之有？凡不在己，逐物在外，皆憂也。「樂天知命故不憂」，此之謂也。若顏子簞瓢，在他人則憂，而顏子獨樂者，仁而已。〔註64〕

顏回之所樂者，在此條資料中幾近呼之欲出，「顏子獨樂者，仁而已」，當然不會是說顏回樂這仁，因爲顏回的心已與仁道合而爲一。再看程顥怎麼說：

> 學者須先識仁。仁者，渾然與物同體。義、禮、知、信皆仁也。識得此理，以誠敬存之而已，不須防檢，不須窮索。若心懈則有防，

〔註60〕同註8，《二程集・河南程氏外書》，冊上，卷7，頁395。
〔註61〕同註8，《二程集・河南程氏粹言》，頁1237。
〔註62〕同註20，集部八四，別集類，冊1145），卷70，頁39上。
〔註63〕同註3，卷14，頁20下。
〔註64〕同註8，《二程集・河南程氏外書》，冊上，卷1，頁352。

心苟不懈，何防之有？理有未得，故須窮索。存久自明，安待窮索？此道與物無對，大不足以名之，天地之用皆我之用。孟子言「萬物皆備於我」，須反身而誠，乃爲大樂。若反身未誠，則猶是二物有對，以己合彼，終未有之，又安得樂？〈訂頑〉意思，乃備言此體。以此意存之，更有何事？「必有事焉而勿正，心勿忘，勿助長」，未嘗致纖毫之力，此其存之之道。若存得，便合有得。蓋良知良能元不喪失，以昔日習心未除却，須存習此心，久則可奪舊習。此理至約，惟患不能守。既能體之而樂，亦不患不能守也。〔註65〕

程顥認爲，求仁之道本爲至約，「不須防檢，不須窮索」，亦不必「致纖毫之力」，此仁用誠敬存之於心，故只「須反身而誠，乃爲大樂」。

不過仍有一處風險，即「惟患不能守」。那麼要如何守此仁？心要不懈於存養，所謂「誠者，天之道也；思誠者，人之道也」，〔註66〕反身而誠、進而體於萬物，知天道與己爲一、與萬物渾然同體，如此則舊習可去而不能害於心，也可以說是眞正的體會仁道。既然能切實的體認仁之在己、在萬化，便不必患失了。這段論述可說是程顥所指示的求仁進路，雖看似隻字未提孔顏之樂者何，實則未必。孔顏所樂之樂，究竟是一個目的？還是一種天理自然之境界？程顥此說能提供確切的答案嗎？我們試著把此段資料的首尾句接在一起看：「學者須先識仁，既能體之而樂，亦不患不能守也」，因之得其大旨——即「體仁而樂」，將這個道理放在「孔顏樂處」此一議題中，便是二程最接近「說破」的論述。

上面將周敦頤、二程、與朱熹於「孔顏樂處」此議題的相關看法做了整理與分析，這些看法都爲曹端接受而有所領悟，進而發展出自己的一套說法。然而，他的貢獻還是以諸位前哲的思想作爲基石，是以本節在論述曹端之前，花了不少篇幅於周敦頤、二程、與朱熹身上，實則他們的說法對曹端而言非常重要，是不可以概略談過的。有了這些基礎，便可瞭解曹端如何將「孔顏樂處」說破，曹端說：

今端竊謂孔、顏之樂者，仁也，非是樂這仁，仁中自有其樂耳。且孔子安仁而樂在其中，顏子不違仁而不改其樂。安仁者，天然自有之仁；而樂在其中者，天然自有之樂也。不違仁者，守之之仁；而

〔註65〕同註8，《二程集‧河南程氏遺書》，冊上，卷2上，頁16～17。
〔註66〕語出《孟子‧離婁上》，同註9，《四書集註‧孟子》，卷4，頁103。

不改其樂者，守之之樂也。《語》曰：「仁者不憂」，不憂，非樂而何？
周、程、朱子不直說破，欲學者自得之。愚見學者鮮自得之，故爲
來學說破。〔註67〕

曹端明白指出，「孔顏樂處」乃是求仁得仁後的一種自然境界，非樂得仁道，
而是體仁之後自然便伴隨著樂。這種樂超越了感官，是一種崇高的精神境界。
孔子謂：「仁者不憂」，邢昺疏曰：「仁者知命，故無憂患。」〔註68〕曹端以爲
孔顏這樣的仁者，知天命之所限、識天命之所賦，是以凡事皆合於義，故無
憂患。既無憂患，豈非樂乎！現在我們再回到《論語》中，子曰：「學而時習
之，不亦說乎？有朋自遠方來，不亦樂乎？」朱熹註云：

學而又時時習之，則所學者熟，而中心喜說，其進自不能已矣。……
朋，同類也，自遠方來，則近者可知。程子曰：「以善及人而信從者
眾，故可樂」，又曰：「說在心，樂主發散在外」。〔註69〕

所以學而時習者，求仁也；所以有朋遠至者，推己及人也。如此看來，「學而時
習之」與「有朋自遠方來」，不正是聖人仁境的一種展現嗎，無怪乎孔子能「發
憤忘食、樂以忘憂」，〔註70〕原來便是周敦頤所謂「見其大」，亦即識得仁境。

　　在周敦頤、二程、與朱熹之後，曹端以仁爲其中心思想，他說破「孔顏
樂處」，以樂爲賓，仁爲主，教人若欲體會此樂，不應窮其心力以究此樂者何，
應當在於求仁之處下工夫，而曹端所指求仁之工夫爲何？他主張識仁、體仁，
須從心上做起，這是曹端提出的工夫進路，也是下節將要探討的「事心之學」。

第三節　事心之學

　　上一節探討了曹端理氣論中的仁，以及聖人所達之仁境，本節將把焦點
放在其求仁之方法，亦即成聖之工夫。曹端提出的求仁方法，要在「心」上
做工夫，而他所認知的「心」，乃是「虛靈知覺，但事物縈觸即動而應物，無
蹤跡可尋捉處」。〔註71〕曹端理學思想之所以被認爲帶有心學色彩，主要就表

〔註67〕同註1，《曹端集‧通書述解》，卷2，頁79。
〔註68〕詳見（魏）何晏集解、（宋）邢昺疏：《論語注疏》（臺北：藝文印書館股份有
　　　　限公司，1997年8月，初版十三刷，嘉慶二十年江西南昌府學本），十三經注
　　　　疏冊8，頁81。
〔註69〕語出《論語‧學而》，同註9，《四書集註‧論語》，卷1，頁1。
〔註70〕語出《論語‧述而》，同註9，《四書集註‧論語》，卷4，頁45。
〔註71〕同註1，《曹端集‧曹月川先生語錄》，卷6，頁235。

現在其進德修養的工夫論上，他說：

> 天理本無隱顯內外，要當時時省察，常瞭然於心目之間，不可使有
> 須臾之離，以流於人欲而陷於禽獸之域。〔註72〕

> 學聖之事，主於一心。

> 事事都於心上做工夫，是入孔門的大路。〔註73〕

在朱熹的思想中，心是形下的氣，乃為「氣之精爽」、「氣之靈」者；〔註74〕
而在曹端的理論中，心的價值被進一步提昇，心不只涵養仁德，更是吾人所
以學聖之根本，看曹端解「克己復禮」說道：

> 所謂己，舜所謂「人心」也。所謂禮，舜所謂「道心」也。所謂克
> 復，舜所謂「精一」也。所謂為仁，舜所謂「執中」也。千聖相傳，
> 蓋不出乎此矣。〔註75〕

克此心之私欲，復此心本具之天理，這樣可以算是達到仁的境地，即曹端所
謂「滿腔都是天地生物之心，而日月之間莫非此心發見之實」。〔註76〕曹端又
說「事心之學，須在萌上著力。」〔註77〕這裡的「萌」，指萌發，可以說是經
由體悟而萌發，發於何處？既謂「事心之學」，自當發於心。又體悟於何者？
體悟於心所裝載之仁德。所以事心須體悟仁德，並使之萌發，此即人所以與
天地並立為三才之由。曹端說：

> 人之所以可與天地參為三才者，惟在此心，非是軀殼中一塊血氣。
>
> 〔註78〕

曹端認為擴充發展心之仁德，是所以成聖、立人極的大本，而聖人之心更是
達到「體天地之體，無一理不具；用天地之用，無一事不周」〔註79〕之境界。
故曹端顯然十分看重心的地位，以由內發端的事心來存養仁德，並以之為成
聖入路；反過來說，這種道德進路並不是朱熹所主張博文於外的「格物致知」，
倒是近於陸九淵反求諸心的克己去蔽之工夫。那麼曹端所謂的事心，該如何

〔註72〕同註1，《曹端集・曹月川先生錄粹》，卷7，頁241。
〔註73〕此條與上一條引文同註1，《曹端集・曹月川先生錄粹》，卷7，頁239。
〔註74〕同註23，子部六，冊700，卷5，頁6上。
〔註75〕同註1，《曹端集・曹月川先生語錄》，卷6，頁236。
〔註76〕同註1，《曹端集・曹月川先生語錄》，卷6，頁223。
〔註77〕同註1，《曹端集・曹月川先生錄粹》，卷7，頁239。
〔註78〕同註1，《曹端集・曹月川先生錄粹》，卷7，頁239。
〔註79〕同註1，《曹端集・曹月川先生語錄》，卷6，頁232。

下工夫呢？曹端說：

> 本心一也，已發在於擴充，未發在於預養，心得其養而擴充焉，即
> 致中和之謂也，則天地位而萬物育者，不言可知。〔註80〕

心可以發喜怒哀樂之情，「已發」而皆中節，便是擴充仁德；「未發」則是預養仁德，而所以擴充者又來自於心得其預養。至此不禁要問，此心要如何得其預養？所謂預養、擴充仁德者，即成聖之道。朱熹曰「宇宙之間，一理而已，天得之而爲天，地得之而爲地」，〔註81〕曹端則接著說「人物得之而爲人物，鬼神得之而爲鬼神」以稱聖人之道：

> 吾聖人之道，則合高厚而爲一，通幽明而無間，語其目之大者，則
> 曰三綱、五常，而其大要，不曰中則曰敬，不曰仁則曰誠，言不同，
> 而理則一。〔註82〕

在歸納曹端的看法後，可以整理出「主敬」與「存誠」兩要目：

> 一誠足以消萬僞，一敬足以敵千邪，所謂「先立乎其大者」，莫切於
> 此。〔註83〕

主敬是涵養此心的入路；存誠則是由此心發端，以擴充仁德爲目標。《易經》載「立人之道，曰仁與義」、〔註84〕孟子則謂「居仁由義」，〔註85〕主敬與存誠在曹端求「仁」的工夫論中，也要配合「義」以言之，此即曹端所言「三王所以爲有道之長者，仁義而已。」他說：

> 居仁由義，理無不明，意無不誠，心無不正，身無不修，爲家則家齊，
> 爲國則國治，爲天下則天下平。夫言則仁義，行則仁義，居之貴，行
> 之利，擴之配天地，三王所以爲有道之長者，仁義而已。〔註86〕

曹端認爲，仁與義是明理、誠意的根本，修身、正心的基礎。除了自身的修養外，仁與義還可用於齊家、治國、平天下。聖人之所以能夠成聖，便是在

〔註80〕 同註1，《曹端集・曹月川先生語錄》，卷6，頁213。

〔註81〕 同註3，子部二七，冊721，卷60，頁28下。

〔註82〕 同註1，《曹端集・通書述解》，卷2，頁102。此版本之原斷句爲「則合高厚而爲一通，幽明而無間」，筆者以爲「通」字當接「幽明而無間」之首，如此於文意較通順，故改之。

〔註83〕 同註1，《曹端集・曹月川先生錄粹》，卷7，頁240。

〔註84〕 詳見（宋）朱熹：《原本周易本義》（臺北：臺灣商務印書館股份有限公司，1983年8月，《景印文淵閣四庫全書》本，經部六，易類，冊12），卷10，頁1下。

〔註85〕 語出《孟子・離婁上》，同註9，《四書集註・孟子》，卷4，頁102。

〔註86〕 同註1，《曹端集・曹月川先生語錄》，卷6，頁221。

於對仁義的持守。下文先來看「主敬」的部分。

一、主　敬

　　《明儒學案》謂曹端「立基於敬」，〔註87〕曹端有言：「吾輩做事，件件不離一『敬』字，自無大差失。」〔註88〕關於這一點，曹端可說是受程朱影響。程頤謂「入道莫如敬」，〔註89〕提示入道可由「敬」下手，又謂「涵養須用敬」，〔註90〕曹端則稱「此言最停當」。〔註91〕蓋「敬」之說乃程頤易「靜」而來，其謂「靜」字「入於釋氏之說」，故「不用靜字，只用敬字」；〔註92〕朱熹則說「敬則自然靜，不可將靜來喚作敬」。〔註93〕綜合程頤朱熹的說法，「敬」與「靜」有別，「敬」在「靜」之先。曹端針對「靜」也提供了看法：

　　　　學者須要識得「靜」字分曉，不是不動便是靜，不妄動方是靜，故
　　　　曰「無欲而靜」。到此地位，靜固靜也，動亦靜也。〔註94〕

「不妄」才是合於「靜」的條件，否則僅是不動，但意念卻心猿意馬，哪裡還算是靜？所謂「不妄」，來自於此條所說的「無欲」，很容易便令人聯想起孟子所云「養心莫善於寡欲」〔註95〕之意。曹端所稱「無欲」，歸究於現實面來看，是不太可能的。如口渴便想喝水、肚子一餓，便生口腹之欲，這都是不論凡聖皆不可避免，更遑論求學、求道，也是一種欲念。因此，曹端所言「無欲」之意，不能從字面上尋解，而是要從孟子所云「寡欲」之處理會。「無欲」當為「寡欲」的一種強化說明，並非真正完全斷絕自然生理人欲，而是要盡力泯除超過道德規範的欲望，超過了就會淪為縱欲。曹端的意思是要人減低對外在物質追求的欲念，人既然寡欲，便能少於外物的牽累。在這一點上，曹端是十分接近於孟子的，故曹端言「無欲便覺自在。」〔註96〕而自在者覺於何處？覺於此心也，其言「外不躁則內靜，外不妄則內專，此是

〔註87〕同註30，頁2上。
〔註88〕同註1，《曹端集・曹月川先生錄粹》，卷7，頁240。
〔註89〕同註8，《二程集・河南程氏遺書》，冊上，卷3，頁66。
〔註90〕同註8，《二程集・河南程氏遺書》，冊上，卷18，頁188。
〔註91〕同註1，《曹端集・曹月川先生錄粹》，卷7，頁246。
〔註92〕同註8，《二程集・河南程氏遺書》，冊上，卷18，頁189。
〔註93〕同註3，卷2，頁42上。
〔註94〕同註1，《曹端集・曹月川先生錄粹》，卷7，頁240。
〔註95〕語出《孟子・盡心下》，同註9，《四書集註・孟子》，卷7，頁215。
〔註96〕同註1，《曹端集・曹月川先生錄粹》，卷7，頁242。

事心關要處」，〔註97〕此心寡欲則能不妄，不妄則合於靜，曹端且明確的提出「人之言，躁、妄最害事」，他說：

> 躁屬氣，妄屬欲。發言之際能禁制之，不爲氣所動，故心寧靜；不爲欲所分，故心專一。〔註98〕

泯除躁、妄之蔽，在求心靜與心一，乃是涵養此心的重要工夫，亦即曹端所謂「置身在法度之中，一毫不可放肆。」〔註99〕而這樣的工夫須在「主敬」裡頭說，「敬則自然靜」，不躁、不妄便是靜。但程頤認爲只做到「敬」還不足以養孟子所言「浩然之氣」，〔註100〕這裡所謂養浩然之氣，即曹端所稱「心得其養」。對曹端來說，養浩然之氣便是養此心，其最終目的在於體仁、在於與天地萬物渾然一體，以達聖人仁境。程頤說「敬只是涵養一事。必有事焉，須當集義。」〔註101〕則「敬」只能修己，工夫還須配合「集義」，才能使浩然之氣「充塞天地處」。〔註102〕這裡所謂「集義」，即所以擴充浩然之氣者，「敬只是持己之道，義便知有是有非」，〔註103〕知有是非，便能事事合於義理、明辨合宜與不合宜、順天理之自然而爲於外。後來朱熹便提出「敬」與「義」兩者不可偏廢：

> 敬義工夫不可偏廢。彼專務集義，而不知主敬者，固有虛驕急迫之病，而所謂義者，或非其義；然專言主敬，而不知就日用間念慮起處，分別其公私利義之所在，而決取捨之幾焉，則恐亦未免於昏憒雜擾，而所謂敬者，有非其敬矣。〔註104〕

專務集義而不知主敬，則所謂義者或非合於義；然專言主敬而不事於集義，則所謂敬者亦恐非合於敬，是以朱熹認爲，「敬」與「義」當是相輔相成的，這也正是曹端工夫論中，「主敬」的思想淵源。曹端說：

> 《說文》勿字似旗腳，工夫在勿字上。蓋心爲一身之主，即將爲三

〔註97〕同註1，《曹端集·曹月川先生錄粹》，卷7，頁240。
〔註98〕同註1，《曹端集·曹月川先生語錄》，卷6，頁210～211。
〔註99〕同註1，《曹端集·曹月川先生錄粹》，卷7，頁240。
〔註100〕程頤云：「苟不主義，浩然之氣從何而生？」同註8，《二程集·河南程氏遺書》，冊上，卷18，頁206。「浩然之氣」語出《孟子·公孫丑上》，同註9，《四書集註·孟子》，卷2，頁38。
〔註101〕同註8，《二程集·河南程氏遺書》，冊上，卷18，頁206。
〔註102〕同註8，《二程集·河南程氏遺書》，冊上，卷18，頁207。
〔註103〕同註8，《二程集·河南程氏遺書》，冊上，卷18，頁206。
〔註104〕同註3，卷3，頁4下～5上。

> 軍之主，一身耳目口體，惟心所令，猶大將之旗一麾，而三軍坐作
> 進退惟其所令也。私勝則動容周旋中禮，而日用之間莫非天理流行，
> 所以用力特在勿與不勿之閒。自是而反爲天理，自是而流爲人欲，
> 自是克念爲聖，自是罔念爲狂。〔註105〕

所謂「勿與不勿之閒」，便是應對進退之際。進退合宜則不妄，進退不合宜則妄；換言之，循於私欲爲妄，從澄然之心所令則爲不妄。不妄以寡欲之故，此心澄然而寡欲，便是「敬」與「義」的工夫相配合。雖然曹端「主敬」的涵養工夫中，並沒有明言「集義」二字，然而在所謂「反爲天理」與「流爲人欲」的是非決擇之間，早已隱含了「集義」的法門。因此我們可以這樣推演，以「敬」涵養於己可以使此心澄然，然專務涵養而不知「集義」，有如朱熹所言「恐亦未免於昏憒雜擾」，則「敬」的涵養仍不足以達到曹端的要求。是故，欲此心澄然還須配合集義，使知私欲不合宜，也就是說，此時私欲盡淨，從心所令而只行合宜之事，便是寡欲而不妄，如此「主敬」之工夫才告完整。

以上是曹端工夫論中「主敬」的部分，下面接著探討「存誠」。

二、存　誠

「存誠」的目標是擴充仁德，此目標的背後意義所帶來的是成聖之可能，也就是「事心」的最終目的。曹端說：「學欲至乎聖人之道，須從太極上立根腳」，〔註106〕太極是形上至善之本體，心可存之進而擴充，擴充後所體現出來的就是誠，即仁也，以至與道體爲一、與萬化渾然同體之時，便是聖人境界，故曹端說：

> 學聖希賢，惟在存誠，則五常、百行皆自然無不備也。〔註107〕

曹端接收了朱熹的觀點，認爲「誠」乃「實理而無妄之謂，天所賦、物所受之正理也」，〔註108〕而曹端所謂存誠之功，便是朱熹所言「誠則眾理自然無一不備，不待思勉而從容中道。」〔註109〕達到朱熹所說的境界，便可說是周敦頤所

〔註105〕同註1，《曹端集·曹月川先生語錄》，卷6，頁223。關於此段文字，在《曹端集·曹月川先生錄粹》卷7的第245頁有類似者，兩條可互爲參酌。
〔註106〕同註1，《曹端集·曹月川先生錄粹》，卷7，頁239。
〔註107〕同註1，《曹端集·曹月川先生錄粹》，卷7，頁241。
〔註108〕同註1，《曹端集·通書述解》，卷2，頁28。此乃本於朱熹註解《通書》之說，朱熹之原說詳見《周元公集》，同註5，頁9下。
〔註109〕同註5，頁12下。

謂「道義者，身有之則貴且尊」〔註110〕之意。但光務於「存誠」亦不足，如同「主敬」一般，「存誠」亦須配合義。「存誠」是以仁存之於心，目標是達到擴充此仁進而與萬化同體，那麼此心之所以能擴充仁德者何也？「義」就是此處的臨門一腳，配合「義」便可完成擴充此仁的目標。先看朱熹怎麼說：

> 思於內，不可不誠；爲於外，不可不守。然專誠於思而不守，於爲不可；專守於爲而不誠，於思亦不可。〔註111〕

「思於內」，不可不以「天所賦、物所受之正理」思之，意即存誠於所思、循於理而思於內，使不正、非禮之事「無以侵撓於內而天理寧」；〔註112〕「爲於外，不可不守」者，意指爲所應爲，也就是明是非而所爲者皆合於義也。若「專誠於思而不守」，則害於「爲」；反之，則害於「思」。專務於其中一者，都是顧此失彼的做法。曹端贊同朱熹這個主張，提出以下觀點：

> 道得於己、見於事者，以時措之得宜，小則如夏葛而冬裘、渴飲而饑食，大則如堯舜之禪受、湯武之放伐，又如孔子之用舍行藏隨其時，仕止久速當其可。〔註113〕

> 明哲之人，只思慮閒便見得合做與不合做，思動之微、思於內，不可不誠，故曰「誠之於思」。〔註114〕

「思動之微、思於內」必以誠爲規範，而爲於外的行止也能夠合乎義，即「以時措之得宜」、「見得合做與不合做」之謂也。因此，曹端認爲「誠」亦與「義」相輔相成，加上前面對「敬」、「義」關係的論述，我們可以推知，曹端工夫論中的「主敬」與「存誠」，乃是同一個系統下之一體兩面，也就是程頤所說的：

> 敬是閑邪之道。閑邪、存其誠，雖是兩事，然亦只是一事，閑邪則誠自存矣。〔註115〕

「敬」可以防於邪、遠於邪，明白天理與人欲的取捨，然後「誠」自能存之於心，「使不正之言、非禮之色不得接吾耳目」，〔註116〕共同擴充心之仁德。故「主敬」與「存誠」雖是曹端工夫論中的兩要目，前者是預養此心的入路，

〔註110〕同註1，《曹端集・通書述解》，卷2，頁82。
〔註111〕同註3，卷17，頁32上。
〔註112〕同註1，《曹端集・曹月川先生語錄》，卷6，頁209。
〔註113〕同註1，《曹端集・曹月川先生語錄》，卷6，頁219。
〔註114〕同註1，《曹端集・曹月川先生語錄》，卷6，頁225。
〔註115〕同註8，《二程集・河南程氏遺書》，冊上，卷18，頁185。
〔註116〕同註1，《曹端集・曹月川先生語錄》，卷6，頁209。

後者以擴充此心之仁德爲事，實則也可以說此二者爲一事。況且，以「事心」的終點而言，「主敬」與「存誠」同是爲了成聖、進入仁境而發展出來的。

本節結束之前，在此補充張學智先生一說，其在《明代哲學史》中提到：「曹端提出一"勤"字，作爲聖人工夫的根本特點。其實"勤"字就是敬」，〔註117〕試看曹端所言：

> 聖人之所以爲聖人，只是這憂勤惕勵的心須臾毫忽不敢自逸。理無
> 定在，惟勤則常存。心本活物，惟勤則不死。常人不能憂勤惕勵，
> 故人欲肆而天理亡，身雖存而心已死，豈不大可哀哉？〔註118〕

聖人無終食之間違仁，曹端認爲這是「勤」之功，張學智先生則認爲此「勤」即是「敬」，不過可惜的是他沒有進一步說明。本文試著將此處的「勤」與「敬」作聯想，得出一個與張學智先生不盡相同的觀點：蓋勤者，不懈也，所以不懈者，以能敬也，則勤之在於能敬。依這樣的推論，使得「勤」爲「敬」之果，「敬」爲「勤」之因，雖有異於張學智先生的等同論，然差可謂不失爲一說，故並列於此，以供參酌。

〔註117〕詳見張學智：《明代哲學史》（北京：北京大學出版社，2003 年 6 月，初版二刷），頁 9。

〔註118〕同註 1，《曹端集・曹月川先生錄粹》，卷 7，頁 241。

第四章 曹端理學思想之實踐

　　上一章探討曹端的理氣論，接下來本章要將重點放在道德實踐面。再精妙的思想，如果沒有實踐的可能或事實、不能落實到人生上談，那麼對於中國傳統以人為本的哲學來說，就少了意義與價值。宋明理學家窮盡心力追究形而上、無聲氣、無方所的至善本體，如此彷彿深不可測的理，要如何安置於現實生活中呢？道體雖然深不可測，然而此理並非不能履行。就曹端來說，每一個人、每一件事物都有理存在於其中，理是一，乘載於萬化便因氣質之不同而有分殊。但總體說來，萬化所具之理都是來自於那形上至善的本體，這個理是隨時隨地在活潑的形下萬化中體現，故我們人只要順理而為，以「敬」涵融於內，以「誠」存養此心，變化氣質回復到本然之善，便能不礙於萬化，亦不為萬化所礙。實則至此仁境，已無所謂礙與不礙，聖人所聞、所見、所及者，只是一個理。下文就來檢視曹端如何順理施行。

第一節　躬行篤實

　　《二程集》曰：「學者有所得，不必在談經論道間，當於行事動容周旋中禮得之。」〔註1〕此之謂德踐於形。在道德要求上「躬行篤實」，就是德踐於形的一種表現。曹端的「躬行篤實」表現在其為人處世、待人接物之中，而這樣表現，實來自於其性格，故我們也可以說，「躬行篤實」就是曹端人格氣質的表現。先看數條學者們對曹端的描述：

〔註1〕詳見（宋）程顥、程頤著，王孝魚點校：《二程集・河南程氏外書》（北京：中華書局，2004年2月，二版三刷），冊上，卷10，頁404。

> 先生以力行爲主，守之甚確，一事不容假借，然非徒事於外者，蓋
> 立基於敬，體驗於無欲。〔註2〕（黃宗羲言）

> 先生修己教人，動合禮法。一言一行，皆有規矩。一動一靜，盡合
> 準繩。〔註3〕（謝琚言）

> 先生修己，明善誠身，無所不至，未嘗不安舒自得也；手容恭，足
> 容重，頭容直，氣容肅，此其爲人所欽也。〔註4〕（謝琚言）

> 先生教授霍、蒲，未嘗分毫倦怠，雖隆冬、盛暑，不冠帶不見諸生；
> 有所叩問，輒據事理達之，雖夜必興，雖食必輟，其俯而就之如此。
> 〔註5〕（謝琚言）

> 先生生洪武、永、宣間，淳龐朴茂，好古力行，毅然以斯道爲己任。
> 〔註6〕（王以悟言）

從這些描述可以發現，在這幾位學者眼中的曹端，是一位律己甚嚴、守禮甚確的學者，其動靜言行，不分寒暑晝夜皆淳樸合禮，爲人所欽。當然，這些都可以歸諸他對於道義禮法的身體力行，而這種堅持，就是曹端躬行篤實的最佳佐證。再看他兩條語錄：

> 雲漢似雲非雲，似水非水，蓋積氣成象者。世說黃河之氣上浮於天
> 及天河，與黃河流行於天地之說，皆不敢信。〔註7〕

> 日生於東，沒於西。月生於西，沒於東。星者，無緯，列宿之總名。
> 辰者，左傳「日月所會是謂辰」，北極謂之北辰，大火謂之大辰，日、
> 月、斗爲三辰，此皆繫天而度數可攷。〔註8〕

上面兩條語錄乃曹端解釋自然天象所言，此即爲其務實性格的實例展現。所謂有「世說」而「皆不敢信」者，表示曹端不爲流俗所惑，以理智、科學的

〔註2〕 詳見（清）黃宗羲編：《明儒學案》（臺北：臺灣商務印書館股份有限公司，1984年7月，《景印文淵閣四庫全書》本，史部二一五，傳記類，冊457），卷44，頁2下。

〔註3〕 詳見（明）曹端著，王秉倫點校：《曹端集·年譜》（北京：中華書局，2003年10月），附錄二，頁303。曹端年譜原作者項爲：（明）張信民著，（清）韓養元續輯、張璟裁定。

〔註4〕 同註3，頁303～304。

〔註5〕 同註3，頁304。

〔註6〕 同註3，《曹端集·頌贊·頌言》，附錄三，頁327。

〔註7〕 同註3，《曹端集·曹月川先生語錄》，卷6，頁216。

〔註8〕 同註3，《曹端集·曹月川先生語錄》，卷6，頁217。

態度面對自然成象；所謂「皆繫天而度數可攷」者，可知曹端顯然不入於迷信。日月星辰繫於天，自古人類便以其遙不可及、卻又高懸於天而俯視於下，自然生出對日月星辰之敬畏，進而神化之，以之爲神靈而信拜，但曹端不然。曹端以主敬的工夫涵養於己，不可謂其不敬於天地。不過，曹端所敬天地者，在其理也，而日月星辰皆不過自然成象，雖繫於天，其運轉卻可考而知之，若將其附諸神靈，實爲無謂之說。再看曹端一條語錄：

> 前輩云：「纔遜將第一等事與別人做，便是自暴自棄。」蓋古人之志，
> 大率如此，立志之後須要力行以酬其志。〔註9〕

程頤也曾說過：「將第一等讓與別人，且做第二等。才如此說，便是自棄」，〔註10〕不過程頤的意思在勉人立志，曹端則更進一步提出「力行以酬其志」，足見其躬行篤實之本色。

大致明白了曹端的性格，現在來看他的爲學態度，《明史》稱曹端「其學務躬行實踐」，〔註11〕其來有自。周敦頤《通書》曰：「君子進德修業，孳孳不息，務實勝也」，〔註12〕曹端述解則曰：「故君子之學，進己之德，修己之業，勤勉而不止，所以務實之勝而已」，〔註13〕可見從周敦頤之處便有「學務於實」的觀念傳下來，而爲曹端所接納。再看朱熹之論爲學：

> 人之爲學，須是務實，乃能有進。若這裡工夫欠了些分毫，定是要
> 透過那裡不得。〔註14〕

朱熹的主張亦如周敦頤，爲學講究務實。曹端講學的言語被輯錄在《曹月川先生語錄》與《曹月川先生錄粹》二書，其爲門人弟子講學之時，常引用朱

〔註9〕 同註3，《曹端集・曹月川先生語錄》，卷6，頁211。

〔註10〕 同註1，《二程集・河南程氏遺書》，卷18，頁189。

〔註11〕 詳見（清）張廷玉等修：《明史・列傳第一百七十・儒林》（臺北：臺灣商務印書館股份有限公司，1984年3月，《景印文淵閣四庫全書》本，史部五九，正史類，冊301），卷282，頁21下。

〔註12〕 同註3，《曹端集・通書述解》，卷2，頁58。下文曹端述解之語同於此。

〔註13〕 引文中，《曹端集》原錄爲「勤勉而不知」，與原文之意不符，且不通順，筆者查文淵閣四庫全書所收錄者，其作「勤勉而不止」，乃合於原文之意，故改之。詳見（明）曹端：《通書述解》（臺北：臺灣商務印書館股份有限公司，1985年2月，《景印文淵閣四庫全書》本，子部三，儒家類，冊697），卷上，頁33下。

〔註14〕 詳見（宋）黎靖德編：《朱子語類》（臺北：臺灣商務印書館股份有限公司，1985年2月，《景印文淵閣四庫全書》本，子部七，儒家類，冊701），卷60，頁38上。

熹的說法，上面這條資料便是其中之一，也多少代表了他對朱熹之學的認同。
曹端說：「窮理反躬之學，吾輩當時時念之」，〔註15〕又說：

> 學者以實為貴，而無一息之閒，則與天一而已矣，故《易》曰：「天
> 行健，君子以自強不息」。〔註16〕

因此我們知道，曹端認為「學務於實」是極為切要的，故須「時時念之」。這
裡所謂「則與天一」，即與天道為一，把「心所擴充之仁體與天道為一」當作
目標，指示學者須當致力於實學。本文這裡用「實學」一詞，其義涵乃參考
苗潤田先生〈20世紀的中國實學研究〉所言：

> 實學的涵義很多，在不同時代、不同學者、不同語境下，具有不同
> 的意義。宋明理學家認為實學即儒學，是儒家的經世致用之學。在
> 他們看來，儒家講"修己以安百姓"，追求"內聖外王"、"經世
> 致用"，是實實在在的學問，不同於佛、老的空無玄虛之學。〔註17〕

近年來「實學」頗受學術界注意，眾學者所下定義不盡相同，而本文此處所
謂曹端「指示學者當致力於實學」之「實學」一詞，乃指切於實際面的、經
世致用的儒學而言，即曹端所謂：

> 自五畝之宅，百畝之田，使民養生、喪死無憾，然後教以孝弟忠信，
> 不惟吾之民皆知尊君、親上，天下之人引領望之，其為實用，孰過
> 於此？〔註18〕

同時，這樣的儒學義涵也可以看出曹端務實的個性所造成的學術性格。再看
朱熹說：

> 讀書須將聖賢言語就自家身上做工夫，方見字字是實用。〔註19〕

朱熹教人讀四書五經應從自身領會起，方能見道不遠、「字字是實用」，這也
是朱熹所謂「讀六經時只如未有六經，只就自家身上討道理，其理便易曉」，
〔註20〕曹端「躬行篤實」的個性繼承了朱熹這個想法，故說道：

〔註15〕同註3，《曹端集・曹月川先生錄粹》，卷7，頁241，上述朱熹曰「人之為學」
一段亦錄於此頁。

〔註16〕同註3，《曹端集・曹月川先生錄粹》，卷7，頁242。

〔註17〕詳見苗潤田：〈20世紀的中國實學研究〉，收於澳門中國哲學會編：《21世紀
中國實學》（北京：社會科學文獻出版社，2005年2月），頁99～100。

〔註18〕同註3，《曹端集・曹月川先生語錄》，卷6，頁218。曹端此說當源自於《孟
子・梁惠王上》第三篇所云。

〔註19〕同註14，子部六，冊700，卷34，頁26上。

〔註20〕詳見（宋）朱熹著，（清）李光地、熊賜履等編：《御纂朱子全書》（臺北：臺

理義之味無窮，必實得於己，而後真知其味之實。不然，億度之知，

非真知也。〔註21〕

道理不可空言、亦不能憑空度測，必須於己處真有所領會，才算真正的知「道」。若果能明白義理之味無窮，其時心之仁德與天道爲一，「則窮達自不足以動念」，〔註22〕在這樣的仁境中，自然會伴隨著一種樂，便是「孔顏樂處」。

曹端所稱的「理義之味」，我們可以在《六經》與《四書》中尋找，他說：

《六經》、《四書》，天下萬世言行之繩墨也，不可不使之先入其心。

雖周公、孔子之聖，猶且朝讀百篇，韋編三絕，況常人乎？〔註23〕

《六經》與《四書》向爲曹端所重視，所謂「不可不使之先入其心」者，即指將《六經》與《四書》所蘊含之道理存之於心，是吾人的首要之務，應當學而時習之。曹端以聖人之「朝讀百篇，韋編三絕」勉勵爲學還須勤事，而所以勤於學者，乃在能敬於經書中所蘊含的道理之故；反過來說，不識此道，便不知敬此道，既不敬於此道，又怎麼會勤於學之？回到根本上來談，首先要認識此道，若識道不明、或誤以異端爲道，即使有勤事之實，然所事者非道，所領會於心者亦不會是仁義。就此而論，吾人所接目者便以載道之文爲善，曹端有詩曰：「作文不必巧，載道則爲寶。不載道之文，臧文梲上藻。」〔註23〕是故藻麗奇巧的美文並不足以受到曹端重視，其謂：

口耳之學，不得於心。枝葉之文，不得其本。此等傳習，安足以收

放心、養德性而有實用於世乎？〔註24〕

曹端看重的是「收放心、養德性而有實用於世」的學問，對於那些止於聞而不能行的表面工夫，與所謂「枝葉之文」、「不載道之文」，便不是儒者所應從事的。曹端以爲作文、作詩自有文人與詩人去作，即韓愈所謂「術業有專攻」，〔註25〕而儒者的詩文應重在闡釋道理：

灣商務印書館股份有限公司，1985年2月，《景印文淵閣四庫全書》本，子部二六，儒家類，冊720），卷6，頁31下。

〔註21〕同註3，《曹端集・曹月川先生錄粹》，卷7，頁243。

〔註22〕同註3，《曹端集・曹月川先生錄粹》，卷7，頁241。

〔註23〕同註3，《曹端集・曹月川先生錄粹》，卷7，頁246。

〔註23〕同註3，《曹端集・曹月川先生錄粹》，卷7，頁245。

〔註24〕同註3，《曹端集・曹月川先生錄粹》，卷7，頁246～247。

〔註25〕語出（唐）韓愈〈師說〉，詳見（明）茅坤編：《唐宋八大家文鈔》（臺北：臺灣商務印書館股份有限公司，1986年3月，《景印文淵閣四庫全書》本，集部三二二，總集類，冊1383），卷10，頁8上。

古人，文人自是文人，詩人自是詩人，儒者自是儒者。今人欲兼之，
是以不能工也。賢輩文無求奇，詩無求巧，以奇巧而爲詩文，則必
穿鑿、謬妄，而不得其實者多矣。不若平實、簡淡爲可尚也。〔註26〕

故我們知道曹端主張儒者的詩文不應求奇巧，應尚於平實簡淡，即所謂「言
無味，而意有在焉」〔註27〕也。然而文章要有實理於其中，還須心具此理，
曹端說：

學者之心，發於義理者常微，而役於行氣者常眾。以彼之眾，攻我
之微，如國勢方弱而四面受敵，其不亡者罕矣！是在學者養之。〔註
28〕

曹端謂學者須以義理涵養於心，不只將之發露於文章中，自身德業亦應一併
勉力修持，以臻至聖人之境。然而，學者亦是形氣萬化中的一份子，難免有
物欲之誘而爲其所累，即所謂「役於形氣者」也，這也是朱熹門人輔廣所言：

人受天地之中以生，本自無過，所以有過者，非出於氣稟之偏，則
由乎物欲之誘。人能知而改之，則可以復於本然之善，不知則其過
愈深，將陷溺焉，而失其所以爲人矣。〔註29〕

《曹月川先生錄粹》亦錄有輔廣此言，〔註30〕曹端接受這樣的想法，故
有以下之說：

人不幸而有過，非眞不幸。知有過而憚改，是眞不幸。

人有過而知改，改之而至於無，即身之之聖人也，故曰：「作之不已，
乃成君子。」〔註31〕

所謂「作之不已，乃成君子」者，出於《資治通鑑》所載「作之不止，乃成
君子」。〔註32〕勇於改過，躬身而踐履之，可以往於聖人之境；反之，聞己之

〔註26〕同註3，《曹端集・曹月川先生錄粹》，卷7，頁247。

〔註27〕同註3，《曹端集・曹月川先生錄粹》，卷7，頁245。

〔註28〕同註3，《曹端集・曹月川先生錄粹》，卷7，頁244。

〔註29〕此爲夾注之文，詳見（明）胡廣等著：《四書大全・孟子集註大全》（臺北：
臺灣商務印書館股份有限公司，1983年12月，《景印文淵閣四庫全書》本，
經部一九九，四書類，冊205），卷3，頁60下。

〔註30〕僅有幾字之出入，然大致相同，詳見同註3，《曹端集・曹月川先生錄粹》，卷
7，頁244。

〔註31〕此條與上一條引文同註3，《曹端集・曹月川先生錄粹》，卷7，頁244。

〔註32〕「子順曰：『人皆作之，作之不止，乃成君子。作之不變，習與體成，則自然
也。』」詳見（宋）司馬光著，（元）胡三省音註：《資治通鑑》（臺北：臺灣

有過而憚於改正，未能向善，才是眞正的不幸，此即「失其所以爲人矣」。

　　曹端躬行篤實的個性，使其不論爲學、爲詩文，都以切近於實事爲要，並且教人知過而盡改之，可以成聖，這是屬於外向方面的顯露；至於內在方面，曹端則要求義理須存之於心，進而才能明正道之所在、不爲異端所迷惑。其自律如此，教人亦如此，可謂知行合一。實則不論內外，這些都是在爲人處世、待人接物方面，最平實的應對進退之理，而此應對進退之際，即曹端所謂「勿與不勿之閒」。〔註33〕本節最後再引一段曹端的話作結：

　　　　爲人之功，用力特在勿與不勿之閒而已。自是而反，則爲天理。自
　　　　是而流，則爲人欲。自是克念，則爲聖。自是罔念，則爲狂。特毫
　　　　忽之閒，學者不可不謹。〔註34〕

本文在第三章第三節「事心之學」曾談過，所謂「勿與不勿之閒」，指的便是應對進退之際。修養此心，使其澄然，明白當爲與不當爲；行當爲之事，棄不當爲之思，然後達到寡欲，進而不妄。上述這些就是成聖的關要處，故曹端謂「自是克念，則爲聖。自是罔念，則爲狂。」從曹端躬行篤實的性格特色中，也可以看出其工夫論的自我實踐。

第二節　義理之教

　　上節先談曹端的「躬行篤實」，這是著重在他的個性與學養，可以說是曹端自身的道德實踐。接著本節論其「義理之教」，這是向自身以外者行道德之實踐。曹端的義理之教以「家規族訓的訂立」爲主要內容，然而其語錄中亦散見一些「觀聖賢氣象」的言論，下面先看「觀聖賢氣象」，之後再論其「家規族訓的訂立」。

一、觀聖賢氣象

　　將義理實現於教育，最好能夠有一楷模以爲學習之範。義理之教的模範並不限於教者自身，古之聖賢亦可爲良範，故教者可以有「觀聖賢氣象」的要求出現。這裡要特別說明的是，在本文第三章第二節裡，我們談到周敦頤

　　　　商務印書館股份有限公司，1984年3月，《景印文淵閣四庫全書》本，史部六
　　　　二，編年類，冊304），卷6，頁14下。
〔註33〕關於此說，可與本文第三章第三節「事心之學」頁49～50，互爲參酌。
〔註34〕同註3，《曹端集·曹月川先生錄粹》，卷7，頁245。

要二程尋「孔顏樂處」，這就是教二程觀聖賢氣象，不過該節所談者止於理論的發揮，而此處所要論述的則是一些關於實際行為的指示。「觀聖賢氣象」是對聖賢內涵的道德意識所下的一種判斷工夫，亦可稱之為工夫論的具體實踐方法之一。內涵的道德意識屬精神層次的事，如何對其下判斷工夫？實則內涵的道德意識可藉由聖賢此具體之形氣體現於外，故吾人可通過觀其氣象，以領悟、體會此道德本體，達到變化氣質的作用，突破形氣凝滯的限制，復吾本然之天性。

周敦頤《通書》曰：「聖希天，賢希聖，士希賢。」〔註35〕聖人一身渾然天道，故希於天而與天道相貫通。至於士與賢，就必須企求於更上一層次的人格位階，然士未必僅能觀於賢，亦可藉由觀聖以達目的。蓋士再進則為賢，當賢之時自會再希進於聖。《二程集》有言：

> 學者不學聖人則已，欲學之，須是玩熟聖人氣象，不可止於名上理
> 會。如是，只是講論文字。〔註36〕

二程教人學聖可從聖人之氣象著手，所謂「玩熟聖人氣象」，不只是觀於聖人外在的舉止便稱作學聖，要如朱熹所言：

> 夫子德容至於如是，固有德盛仁熟，而其自然之光輝著見於外。學
> 者之學聖人固不當矯情飾貌，徒見其外而不養其中也，然容色辭氣
> 之間，亦學者所當用功之地、而致知力行之原。今不於此等處存養
> 涵蓄學聖人氣象，不知復於何者為學聖人之道乎！竊謂學者內外交
> 相養之功，正當熟翫此等氣象。〔註37〕

我們可藉由觀察聖人的「容色辭氣」來學習聖人之道，然而徒事於外者，則不過矯情造作，落於模仿罷了，故還須涵養內在，才能達到所謂「內外交相養之功」。接著看曹端如何教人觀聖賢氣象，曹端說：

> 道無形體可見，而聖人一身渾然此道，故無形體之道皆於聖人身上
> 形見出來。〔註38〕

聖人渾然與道為一，是故觀有形體之聖人等同於觀無形體之道。曹端又說：

> 孟子曰：「守孰為大？守身為大。」如堯、舜兢兢業業，成湯慄慄危

〔註35〕同註3，《曹端集・通書述解》，卷2，頁50。
〔註36〕同註1，《二程集・河南程氏外書》，卷10，頁404。
〔註37〕同註20，卷10，頁35下～36上。引文中「夫子」指孔子。
〔註38〕同註3，《曹端集・曹月川先生錄粹》，卷7，頁243。

懼，文王無射亦保，曾子戰戰兢兢，是皆明哲保身之實。〔註39〕

所謂「兢兢業業」、「慄慄危懼」、「無射亦保」、「戰戰兢兢」等等，都是聖人謹慎的表現。聖人已經與道渾然為一，仍舊謹慎如斯，則常人更加不能不勉力於此。這種明哲保身的實跡，便是聖人展現出來的氣象。再看一個例子：

> 先儒云：聖人臨喪，自有食不下咽之意。弔哭，一日之內自不能歌。
>
> 蓋聖人之心，如春、夏、秋、冬不遽寒煖也，須漸漸過去。故哭之日，
>
> 自不能遽忘其哀而驟歌之。學者法而勉之，足養忠厚之心。〔註40〕

曹端上面這段文字所言，當是因於《論語》所記孔子之事：「子食於有喪者之側，未嘗飽也。子於是日哭，則不歌。」〔註41〕曹端不教人徒事於外在的禮節儀文，而教人效法聖人對喪家誠敬的態度，以養內在忠厚之心，這便是觀聖人氣象的教化。

二、家規族訓的訂立

接著把焦點移至曹端的《夜行燭》與《家規輯畧》，下文將分舉二書中的數則條文為例，以說明曹端藉由訂立家規族訓所展現的義理之教。《夜行燭》乃作於勸父，曹端之父往昔尊事佛老，而曹端欲以儒家的道理勸奉之，「於是取聖經賢傳之格言，扶正抑邪之確論，朝夕諷誦左右，又將《文公家禮》及《鄭氏家規》勸而行之……纂集成書命名曰《夜行燭》。」〔註42〕此書既作於勸父，置於「義理之教」處談，豈不謂以子教父而不倫不類？實則此書之成，不僅用於勸父，曹端說：

> 以之而引導於父母，則父母之正道得，而治家垂訓之理明；以之而
>
> 引導於兄弟，則兄弟之正道得，而成家立計之義明；以之而引導於
>
> 子姪，則子姪之正道得，而繼志述事之孝明。用之則家道安和，舍
>
> 之則家道廢墜矣。〔註43〕

可知《夜行燭》之成書，在指引正道之所在，不惟父母，即便是兄弟、子姪亦有所用，此即所謂理一分殊。蓋正道雖用者不同，然道理是一，故置於「義

〔註39〕 同註3，《曹端集‧曹月川先生語錄》，卷6，頁224。

〔註40〕 同註3，《曹端集‧曹月川先生語錄》，卷6，頁220。

〔註41〕 語出《論語‧述而》，詳見（宋）朱熹：《四書集註‧論語》（臺南：大孚書局有限公司，1996年7月，初版三刷），卷4，頁42～43。

〔註42〕 同註3，《曹端集‧夜行燭》，卷4，頁129。

〔註43〕 同註3，《曹端集‧夜行燭》，卷4，頁129。

理之教」處談並無妨。

《夜行燭》共十五篇，〔註44〕以摘錄聖賢之格言哲理爲內容，篇名依次爲：〈明孝保身第一〉、〈明禮保身第二〉、〈明禮正家第三〉、〈明禮却俗第四〉、〈明倫保家第五〉、〈明哲保身第六〉、〈保身全家第七〉、〈保親全家第八〉、〈兄弟至親第九〉、〈睦族和鄉第十〉、〈訓誡子孫第十一〉、〈禍福因由第十二〉、〈陰德保後第十三〉、〈善惡分辨第十四〉、〈明道息邪第十五〉。「明孝保身」擺在第一篇，曹端說：

> 孝乃百行之原，萬善之首。上足以感天，下足以感地；明足以感人，幽足以感鬼神。所以古之君子，自生至死，頃步而不敢忘孝焉。〔註45〕

曹端將論孝置於首篇，且視之爲「萬善之首」，可見其格外重視孝道，而全書概觀以禮、義、與家庭倫理爲則，圍繞在宗族與鄉里之間立論。先看三個例子：

> 禮者，天理之節文，人事之儀則。守之則爲聖賢，棄之則爲禽獸；修之則致福慶，敗之則取禍殃。〔註46〕

> 男女有別，乃人倫之大體，正家之大經，禮之尤重者也。若或男女無別，則與禽獸無異。所以古之君子，必嚴內外之分，以謹男女之別。故自七歲以上至六十以下，不同席，不共食，其嚴如此。〔註47〕

> 父子之親，君臣之義，夫婦之別，長幼之序，朋友之信，五者，人之大倫，明之則爲聖賢，昏之則入禽獸。所以天降生民，則必作之君、作之師，使之治而教之，以明其倫。〔註48〕

從這三條資料可以看出，曹端認爲禮儀與人倫乃是爲聖賢、爲君子之關要處，是故教人知禮、明倫而守之。至於義的方面，義是應當的行爲、善的行爲，曹端說：

> 惟德動天，善不可不修於身；惟天眷德，善不可不傳於後。今人雖有愛子孫之心，而不知愛子孫之道，但惟以私利愛之而已，而不知

〔註44〕同註3，《曹端集・夜行燭》，卷4，頁128～180。
〔註45〕同註3，《曹端集・夜行燭》，卷4，頁130。
〔註46〕語出〈明禮保身第二〉，同註3，《曹端集・夜行燭》，卷4，頁132。
〔註47〕語出〈明禮正家第三〉，同註3，《曹端集・夜行燭》，卷4，頁134。
〔註48〕語出〈明倫保家第五〉，同註3，《曹端集・夜行燭》，卷4，頁145。

私利之愛，乃趨火赴淵之籌、覆宗絕嗣之計也。〔註49〕

此條出於〈陰德保後第十三〉，乃曹端指示修德行善之義，爲保後代子孫之道，這是上對下的「義」。然而在上位者或有不能成德全善之時，則必納良言以正己，試看曹端談受諫之道，〈保身全家第七〉曰：

> 有消惡長善之功，乃出禍入福之門也。夫君有爭臣，君之福也；父有爭子，父之福也；兄有爭弟，兄之福也；士有爭友，士之福也。成湯知乎此，從諫弗咈。唐太宗知乎此，納諫如流。子路知乎此，聞過則喜。此所以皆成聖賢之德，而名流萬古也。若夏桀無道，龍逢諫而死，而夏亡；商紂無道，比干諫而死，而商亡；吳不聽伍子胥之諫，而爲越所滅，可勝痛哉！〔註50〕

受諫可以「成聖賢之德」；反之，若「惡諫爭」，則「足以速禍敗」。〔註51〕此外，下位者見上有過而諫爭，乃是當行之事，此即下對上之「義」。跟著看曹端論進諫之道，〈保親全家第八〉有言：

> 俗語云：「家有一爭子，勝有萬年糧。」能諫爭於親，本孝道之事。
> 今以能保親於無過之地，則能全家於無禍之樂。〔註52〕

曹端認爲，親有過而諫之，乃是全於孝道之事，然而對父母諫爭要注意態度，即其所謂「和色柔聲，諫父母於善者，其孝大於拜醫求藥者矣。」〔註53〕前文提過，曹端作《夜行燭》的用意之一，乃在勸父，即是諫爭於父，因此也可以說《夜行燭》之成，正是曹端道德實踐的顯著例証。接下來要談到曹端另外一本家規族訓類著作，也是其道德踐履的實例之一──《家規輯畧》。

《家規輯畧》共分十四篇，〔註54〕篇名依次是：〈祠堂第一〉、〈家長第二〉、〈宗子第三〉、〈諸子第四〉、〈諸婦第五〉、〈男女第六〉、〈旦朔第七〉、〈勸懲第八〉、〈習學第九〉、〈冠笄第十〉、〈婚姻第十一〉、〈喪禮第十二〉、〈推仁第

〔註49〕同註3，《曹端集・夜行燭》，卷4，頁168。

〔註50〕同註3，《曹端集・夜行燭》，卷4，頁154～155。

〔註51〕語出〈保身全家第七〉，同註3，《曹端集・夜行燭》，卷4，頁149。

〔註52〕同註3，《曹端集・夜行燭》，卷4，頁155。

〔註53〕語出〈保親全家第八〉，同註3，《曹端集・夜行燭》，卷4，頁156。

〔註54〕同註3，《曹端集・家規輯畧》，卷5，頁181～208。宋明兩代，家規族訓類的作品頗多，其中一個原因是理學的大盛，士子強調中國傳統之禮教，特別是家族倫理的規範，內容不外乎孝親、明倫、睦鄰、禮法、仁義、勤學……等等，本論文之主題與精神並非以家規族訓爲研究重心，故不作全面性探討，僅略述於此，不再深入。

十三)、〈治蠱第十四〉。〈家規輯畧序〉有言：

> 江南第一家義門鄭氏，合千餘口而一家，歷千餘歲而一日，以其賢
> 祖宗立法之嚴、賢子孫守法之謹而致然也。其法一百六十有八則，
> 端悉錄而實之，今姑擇其切要者九十有四則，因其類聚羣分，定爲
> 一十四篇，名曰《家規輯畧》，敬奉嚴君，祈令子孫習讀而世世守行
> 之，期底於鄭氏之美，而又妄述數十餘則，以附其後。〔註55〕

義門鄭氏所立家法，乃從元代鄭文融始開其端。鄭文融一名太和，字順卿。《明
史》列傳錄其後人鄭濂，曰：「文融著《家範》三卷，凡五十八則。子欽增七
十則，從子鉉又增九十二則，至濂弟濤與從弟泳、澳、湜，自于兄濂、源，
共相損益，定爲一百六十八則刊行焉。」〔註56〕據曹端之說法，《家規輯畧》
原則上以義門鄭氏之家規爲底本，再新增曹端所自著的若干條則而成書。這
裡僅以曹端自著之條則爲討論範圍。〈家長第二〉有言：

> 古人治家之道，惟以身教爲先。爲家長者，必先躬行仁義，謹守禮
> 法，以率其下。〔註57〕

在這條家規中，一方面可以明白看出曹端義理之教的實踐，另一方面也能夠
見到其講究身體力行之特色。曹端規範家族中的長者「以身教爲先」，所謂「必
先躬行仁義，謹守禮法」，乃是先要求自身道德的實踐，再以之教導後輩從善
如流。跟著看《家規輯畧》中指示的爲學之道，〈習學第九〉有言：

> 子弟爲學，必先尊師重友。聖賢之道，切不可有自足之心。
>
> 子弟爲學，當以聖賢正道自期，不可流於異端。
>
> 子第爲學，須將聖經賢傳字字句句於心上理會，務要體之於身，見
> 之於行，不可只做一場話說。〔註58〕

曹端所規範的爲學之道，其實就是學聖賢之道，講究「尊師重友」，以正道自
我期許，且在學聖的路途上永不自足，要求「體之於身，見之於行」，而不是
止於嘴上空談。對於後輩的教育，曹端將如此務實的訓示明訂於家規之中，
這都是義理之教的實證。接著看〈推仁第十三〉，曹端說：

〔註55〕同註3，《曹端集・家規輯畧》，卷5，頁181。

〔註56〕同註11，《明史・列傳第一百八十四・孝義》，史部六〇，冊302，卷296，頁
14下～15上。

〔註57〕同註3，《曹端集・家規輯畧》，卷5，頁186。

〔註58〕此條與上兩條引文同註3，《曹端集・家規輯畧》，卷5，頁203。

子弟切不可於山野放火，延燒林木，傷害蟲鳥，有失仁心。違者，
天必不佑。〔註59〕

曹端所立的家規，不只是對內在涵養之修習有所規範，對於外在行止也有所
要求，即如上面這條家規便明令子孫不可於山野放火、違害自然生態。而在
鄉里之間的行事，曹端亦有指示，看〈推仁第十三〉：

鄰里鄉黨有遇水火、賊盜，當盡力赴救，不可坐視。否則，天必禍
之。〔註60〕

此條資料的意義在於外和鄉里。當確立宗族倫理之後，便能內睦於宗族之情，
再來則要往外推展到鄉里之義。這樣的想法，其實在《夜行燭·睦族和鄉第
十》也可以發現：

且夫人於患難之中，則內而宗族，外而鄉里，皆來憂恤；及事平之
後，則各私其私，各利其利，而忘宗族鄉里之情。或頭畜相侵，或
財物相虧，輒生暴怒，或相毆罵，或相告訐，或相屠戮。原其所以，
皆由不知宗族之情、鄉里之義。苟或知之，則相親相愛，惟恐無日，
奚暇爭競哉？且螻蟻，微物也，一穴之宮，與眾居之；一拳之臺，
與眾臨之；一粒之食，與眾聚之；一蟲之殭，與眾共之。可以人爲
萬物之靈，而不如蟻子之知義乎？〔註61〕

宗族之情與鄉里之義，不論在《夜行燭》還是《家規輯畧》，都是曹端所重視
而有條文規範的。這種義理之教，是先從自身的修業進德開始，從而明家庭
之倫、宗族之理，使應對進退皆合於禮法。逮內睦其情，又拓展至鄉里間，
使外和其義，如是整個宗族以至於鄉里，都能處之合宜而少於過失。然而，
應對進退皆合於禮法，還待於存守之功，即曹端所謂：

君子於禮樂，講明則存之熟，依據則守之正。存之熟則內養其莊敬
和樂之實，守之正則外善其威儀節奏之文。〔註62〕

如此內外交相存守，才能使應對進退自然中禮。曹端爲其子曹璐所撰〈童子
箴〉，亦蘊藏這樣的義理之教：

敦威儀，慎行止。正心術，保身體。孝父母，友兄弟。睦宗族，和

〔註59〕同註3，《曹端集·家規輯畧》，卷5，頁207。
〔註60〕同註3，《曹端集·家規輯畧》，卷5，頁207。
〔註61〕同註3，《曹端集·夜行燭》，卷4，頁162～163。《曹端集》所錄，最後一句
　　　　斷爲「而不如蟻，子之知義乎？」，筆者以爲此處「蟻子」當爲一詞，故改之。
〔註62〕同註3，《曹端集·曹月川先生語錄》，卷6，頁222。

鄉里。遠小人，親君子。事誠明，一終始。不他求，得於此。〔註63〕

從這種傳統家理想化了的要求來看，可知曹端律子甚嚴。再回到《家規輯畧》。如同《夜行燭》一般，《家規輯畧》中亦有談論勸諫之道，〈諸子第四〉有謂：

> 諸子當先意承志，諭父母於道。不幸而父母有過，又當從容諫正，
> 必置父母於無過之地，則爲大孝之道。苟視親有過而不諫，與用言
> 相激而不恤，則爲不孝之甚。抑將爲大孝乎，將爲不孝乎？〔註64〕

此條資料所言，跟前文曾論述《夜行燭》的部分相應，講究以恭謹的態度勸諫父母之過。倘若父母有過而不諫、亦或出言不遜而相激，都是不孝之罪。所謂以恭謹的態度諫親，可以參考同一篇中的另一條資料：

> 父母有命善正，速行毋怠。命乖於禮法，則哀告再三，否則非孝。
> 〔註65〕

注意這條資料的用詞。見親之所命有失於禮法，子女不能盲從，必須用正道哀求以告，既爲「哀告」，則上下尊卑自不亂；然父母或有不能受諫之時，曹端則指示要「再三」的勸諫，不可放棄。因爲諭父母於正道乃爲孝之大事，故自身無論如何都要堅守禮法並諍諫之，且態度不可違禮背德，須重長幼尊卑，所以謂「哀告再三」。

當然，前面說的勸諫不只適用於親子之間，凡上下尊卑有別之際，皆該如此。《曹月川先生語錄》有言：

> 孔子曰：「畏大人。」孟子曰：「說大人，則藐之。」蓋當正義以告
> 之時，不當爲勢位所動。若尊敬之分，未嘗不存。孔、孟之言，各
> 有攸指。〔註66〕

孔子的意思著眼於「尊敬之分」，而孟子則著重在「正義以告」。孔孟所言，在曹端看來皆是勸諫之道，此道理是一，然而從不同面向切入，一說「畏」、一說「藐」，又看似有相異的性質，實則兩者並沒有牴觸，都是進諫的根本道理，此即是理一分殊。

最後要提到的是，本節所探討曹端的義理之教，多散見於其著作《夜行

〔註63〕 同註3，頁291。在《曹月川先生語錄》亦錄有此箴，但末兩句有出入，不作
　　　　「不他求，得於此」，而是「饗天心，受地祇」，詳見《曹端集‧曹月川先生
　　　　語錄》，卷6，頁229～230。
〔註64〕 同註3，《曹端集‧家規輯畧》，卷5，頁190。
〔註65〕 同註3，《曹端集‧家規輯畧》，卷5，頁190。
〔註66〕 同註3，《曹端集‧曹月川先生語錄》，卷6，頁234。

燭》與《家規輯畧》、以及一些語錄之中。那麼這些文字上的義理之教，是否有實行的可能呢？適當推測曹端的想法，只要是合於義理、合於當時社會風氣範圍內之教化，性格務實的曹端認爲都能以之爲施教內容，並實際奉行之。那些條則、家規在曹端所處之時代確實是可行的，然綜觀《夜行燭》、《家規輯畧》兩項著作，有些條則置於今日的社會中已經不適用，這是顯而易見的事實，但亦有不少條則仍是今時良箴。要知道這些條則本來就不是爲現代人所作，我們讀曹端這兩項著作，必須要站在古人的立場去思考，不要把重點放在條文的內容，而是要去體會其背後意義，如此才能使之恰如其分。

第三節　異端之辨

　　魏晉時期玄學興起，使得老莊思想在先秦以後又進一步根植士子之心；而自從佛教於漢代傳入中土，逮隋唐以降，佛學乃大盛於中國，是故佛老兩家對中國的學術文化漸漸交織出嶄新風貌。至兩宋，以中國正統學術自居的理學家，面臨這樣的文化變局，爲維護中國固有之儒學，紛紛強調宗奉儒家道統，並以釋道爲異端。楊儒賓先生說：

> 「內聖」層面一向是佛老的勝場，而儒家從兩漢以來，在這點上一
> 直沒有太大的進展，因此，如何補足，增強自家體質，這種心理要
> 求遂成爲推動宋明儒家各主要流派的動力。〔註67〕

所以說，宋明儒學的理論層面之發展，有部分原因要歸於對佛老思想的反動。而反動的具體表現，即關於本節所要探討的「異端之辨」。不惟曹端，宋明儒者多有對佛老思想的批判，但就針對曹端個人而言，「異端之辨」可說是他尊奉儒術最鮮明的表徵。

　　曹端《夜行燭》有〈明道息邪第十五〉一篇，其篇首說道：

> 異端滅而世道明，邪說息而人心正，士君子生於斯世，但當扶世道，
> 正人心，明禮儀，厚風俗，生有益於時，死有聞於後，豈可曲學苟
> 合以隨流俗哉？〔註68〕

維護儒家正道可以說是曹端畢生理想，他強調學者自身之德業要明朗穩健，

〔註67〕詳見楊儒賓：〈新儒家與冥契主義〉，收於陳德和主編：《當代新儒學的關懷與超越》（臺北：文津出版社，1997年12月，第三屆當代新儒學國際學術會議論文集），頁321。

〔註68〕同註3，《曹端集・夜行燭》，卷4，頁174。

使異端邪說不能侵於內而終自滅。其於二十歲時讀元代謝應芳《辨惑編》頗有所獲，[註69] 試看《明史》跟《明儒學案》的描述：

> 端初讀謝應芳《辨惑編》，篤好之，一切浮屠、巫覡、風水、時日之說屏不用。上書邑宰，毀淫祠百餘。[註70]（明史）

> 初，先生得元人謝應芳《辨惑編》，心悅而好之，故於輪迴、禍福、巫覡、風水、時日世俗通行之說，毅然不為所動。[註71]（明儒學案）

謝應芳的《辨惑編》可說是為曹端「異端之辨」的思想開了頭，而《夜行燭》之著成，則是這種思想成熟化的展現，再看《明史》與《明儒學案》的敘述：

> 父初好釋氏，端為《夜行燭》一書進之，謂：「佛氏以空為性，非天命之性。老氏以虛為道，非率性之道。」父欣然從之。[註72]（明史）

> 父敬祖，為善於鄉，而勤行佛、老之善以為善，先生朝夕以聖賢崇正闢邪之論諷於左右，父亦感悟樂聞。先生條人倫日用之事可見之施行者，為《夜行燭》一書，言人處流俗中，如夜行，視此則燭引之於前矣。[註73]（明儒學案）

上一節談到的《夜行燭》，乃以其所蘊含的「義理之教」為探討重心，本節則要將目光放在「異端之辨」，而這也是《夜行燭》成書的另一層意義。試看〈夜行燭序〉的一段文字：

> 《易》云：「受茲介福，惟以中正。」《詩》云：「思無邪，思馬斯徂。」是則福在正道，不在邪術，況聖門之教，敬鬼神而遠之，彼佛、老以清淨而廢天地生生之理，致令絕祀覆宗，禍且不免，福何有焉？[註74]

這條資料有兩項觀點值得注意，一是曹端承認鬼神的存在，二是佛老思想之所以不被曹端認同，乃以其廢天地生生之理之故。首先看到第一點，曹端承認鬼神的存在。本章第一節曾加以談論過，曹端理智且不流於迷信，[註76]

[註69] 曹端年譜記載：「洪武二十有八年乙亥，先生年二十歲。初讀《辨惑編》。」同註3，頁262。
[註70] 同註11。
[註71] 同註2，頁1下。
[註72] 同註11。
[註73] 同註2，頁1下。
[註74] 同註3，《曹端集・夜行燭》，卷4，頁128。
[註76] 詳見本文第四章第一節，頁54～55。

而此處所謂「聖門之教，敬鬼神而遠之」，明白表示他仍然承認有鬼神的存
在，這也是紮根於孔子以來的儒家傳統。孔子曾說「非其鬼而祭之，諂也」、
〔註77〕「祭如在，祭神如神在」、〔註78〕又說「務民之義，敬鬼神而遠之，
可謂知矣。」〔註79〕蓋儒家有祭祀之禮的存在，便是為死去的祖先所設置，
死去的祖先即所謂鬼神。曹端在《夜行燭・明孝保身第一》也說過：

> 孝乃百行之原，萬善之首。上足以感天，下足以感地；明足以感
> 人，幽足以感鬼神。所以古之君子，自生至死，頃步而不敢忘孝
> 焉。〔註80〕

他說孝道「明足以感人，幽足以感鬼神」，意即孝道在人世間可以感動活著的
親人，而在未知的幽冥處則可以感動死去的祖先。《論語》中有記載：

> 季路問事鬼神。子曰：「未能事人，焉能事鬼？」敢問死，曰：「未
> 知生，焉知死？」〔註81〕

孔子對未知的鬼神不妄加評論，且存而敬之、敬而遠之，對於眼前現實生活
中為人處世、待人接物的禮法，視為優先從事的基本規範。曹端面對鬼神的
態度便如同孔子存而敬之、敬而遠之。當然，曹端言「幽足以感鬼神」，乃是
以己意去臆測未知的鬼神可以被孝道所感動，未若孔子存而不論。然而鬼神
既為死去的祖先，則其在世為人之時亦能為孝所感，故曹端這樣的臆測也並
非沒有道理。總的看來，曹端對鬼神的態度仍類於孔子，且存之、敬之，但
不迷而諂之，關於這一點，下文將會再提到。現在看第二點，對於佛老的批
評，《曹月川先生語錄》有謂：

> 老氏之虛，虛而無，如曰：「道在太極之先。」却說未有天地萬物之
> 初，有箇虛空道理在，乃與人物不干涉。不知道只是人事之理。

> 佛氏之寂，寂而滅，如曰：「以空為宗。」未有天地之先為吾真體，
> 以天地萬物為幻，人事都為粗迹，盡欲屏去了，一歸真空，此等烏
> 能察夫義理、措諸事業？〔註82〕

〔註77〕語出《論語・為政》，同註42，卷1，頁12。
〔註78〕語出《論語・八佾》，同註42，卷2，頁15～16。
〔註79〕語出《論語・雍也》，同註42，卷3，頁38。
〔註80〕同註3，《曹端集・夜行燭》，卷4，頁130。
〔註81〕語出《論語・先進》，同註42，卷6，頁71。
〔註82〕此條與上一條引文同註3，《曹端集・曹月川先生語錄》，卷6，頁210。

在這兩條資料中，可以看出曹端批判佛老思想「以清淨而廢天地生生之理，致令絕祀覆宗」的理由，佛家寂而滅，老氏虛而無，在一位崇尚儒術的理學家眼中，自然是不可認同的。《夜行燭・明倫保家第五》篇末提到：

> 愚謂此燭十條，照引五常之道。斯道也，其原出於天，而體具於人，品節裁成於聖人，平正明白，乃人之所易知、易行者也。若虛無寂滅之教，幽深慌忽，艱難阻絕，惑世誣民，充塞仁義，斷人之程，絕人之類者此也，萬物之靈何樂而共爲哉？〔註83〕

「虛無寂滅之教」便是指佛老兩家，曹端認爲佛老之說阻塞了儒家所謂「仁義」的流佈，且空門之內比丘或比丘尼均不可結婚生子、傳宗接代，故謂其「斷人之程，絕人之類」。再看《夜行燭》的一段文字，〈善惡分辨第十四〉有言：

> 善惡之分，猶黑白之異也，猶香臭之殊也，人孰不知哉？但拘於氣稟，蔽於物欲，因失其本明之德，昧其易明之理，故往往以善爲惡，以惡爲善。且釋、老之流，本無父無君，而世人咸以爲善門之人，其於君臣、父子、夫婦之倫，人則以臭肉凡胎目之。噫！視我周公以上列聖之所行、孔子以下列聖之所明者，爲何物哉？〔註84〕

無父無君、枉顧人倫，乃是曹端所以視佛老爲異端的原因，當然這是身爲一位明代理學家的主觀想法，本文不置可否。曹端於〈明道息邪第十五〉論述得更徹底：

> 《易》云：「天地感而萬物化生。」佛、老以不夫婦爲清淨，則天地不如佛、老之清淨矣！然使天地如佛、老之清淨，則陽自陽而陰自陰，上下蕭然，常如隆寒之時矣，萬物何自而生哉？萬物不生，則吾族固無矣，彼佛、老之徒亦能自有乎？且萬物生於天地，而各具一天地生生之理，故有胎者焉，有卵者焉，有勾者焉，有甲者焉。原其所以，莫非陰陽造化之道也。是故聖人順天地之理，制夫婦之義，使生生而不窮，此所謂參天地而贊化育也。……又如自今而後，男皆如佛、老之清淨而不求其室，女皆如佛、老之清淨而不求其家，則百年之下，生民之類有耶？無耶？《傳》曰：「有天地，然後有萬物。有萬物，然後有男女。有男女，然後有夫婦。有夫婦，然後有父子。有父子，然後有君臣。有君臣，然後有上下。有上下，然後

〔註83〕 同註3，《曹端集・夜行燭》，卷4，頁146～147。
〔註84〕 同註3，《曹端集・夜行燭》，卷4，頁171。

禮義有所措。」《中庸》曰：「君子之道，造端乎夫婦。及其至也，
察乎天地。」而佛老只是一箇不夫婦，把父子君臣、天地上下之理
殄滅盡矣！區區慈悲不殺，清淨不擾，夫何補哉？〔註85〕

老子曰：「六親不和有孝慈，國家昏亂有忠臣」、又曰：「絕聖棄智，民利百倍；
絕仁棄義，民復孝慈」，〔註86〕教人任其自然，無謂造作聖智仁義，這種主張
正好與入世的儒家思想相反。儒者講究擴充仁義與天道相感、進而成聖，故
道家出世的思想當然不爲曹端所接受；又佛家講求慈悲爲懷、茹素而不食葷，
然曹端認爲其離棄世俗之人倫，無君臣、無夫婦、無親子，倘人皆如此，則
終至生民絕類，此亦與重視忠孝的儒家思想相牴觸，故曹端不能苟同。元代
劉因《四書集義精要》記張栻之言亦謂：

> 若窮口腹以暴天物者，則固人慾之私也。而異端之教，遂至於禁殺
> 茹蔬、殞身飼獸，而於其天性之親、人倫之愛反恝然。其無情也，
> 則亦豈得爲天理之公哉？〔註87〕

這條資料在《曹月川先生錄粹》中被提及，〔註88〕顯爲曹端所認同，佛家絕
於世俗人倫，對儒者而言是不合於天理的。儒家理想中的人格便是聖人，聖
人乃以化民爲己任，這是一種積極的入世精神。曹端說：

> 舜、禹之心，精一執中而已，體天地之體，無一理不具；用天地之
> 用，無一事不周。雖天下了不相關，只是無心富貴，豈無心斯民？
> 觀舜不得禹、皋陶爲己憂，禹視天下之溺猶己溺，而竭力勞萬民，
> 豈如老、佛離倫絕類自爲高耶？〔註89〕

〔註85〕 同註3，《曹端集・夜行燭》，卷4，頁179～180。引文中「上下蕭然」本作「上
下肅然」，於文意不合，筆者參考《景印文淵閣四庫全書》本而改之，又「且
萬物生於天地」本作「是萬物生於天地」，筆者因之不通順，而亦參考《景印
文淵閣四庫全書》本以改之。
《景印文淵閣四庫全書》之版本詳見（明）曹端：《曹月川集》（臺北：臺灣
商務印書館股份有限公司，1985年12月，《景印文淵閣四庫全書》本，集部
一八二，別集類，冊1243），頁7下。

〔註86〕 詳見（晉）王弼注，（唐）陸德明釋文：《老子道德經注》（臺北：世界書局，
2001年8月，初版十一刷），頁10。

〔註87〕 詳見（元）劉因：《四書集義精要》（臺北：臺灣商務印書館股份有限公司，
1983年12月，《景印文淵閣四庫全書》本，經部一九六，四書類，冊202），
卷14，頁7下。

〔註88〕 同註3，《曹端集・曹月川先生錄粹》，卷7，頁248。

〔註89〕 同註3，《曹端集・曹月川先生語錄》，卷6，頁232。

從佛老與儒家在思想面的衝突觀之，大致可以瞭解曹端謂佛老兩家「惑世誣
民」之用意，儘管在今日看來那是強烈而偏頗的指責。再看到《夜行燭》，〈禍
福因由第十二〉有言：

> 禍福本善惡之應也，世人不知爲善以致福，改惡以避禍，而專務諂
> 神佞佛，以爲可以滅罪資福，殊不知諂佞獲罪於天，不惟不能資福，
> 又將速於禍焉。〔註90〕

> 愚謂此燭十七條，明福在善而禍在惡也。蓋善，天理也，行善則爲
> 順天，而天必眷之；惡，物欲也，行惡則爲逆天，而天必絕之。天
> 眷之則無往而非福，天絕之則無往而非禍。人情孰不懼禍而喜福哉？
> 但知善之當爲而不知惡之不當爲而爲之，所以速禍也，小則殞身滅
> 性，大則覆宗絕祀，可哀而已！〔註91〕

曹端認爲禍福的因由乃在自身的爲善爲惡，實與拜神與否無關，這裡所謂「專
務諂神佞佛」，指世人不明爲善去惡之切要於身，專以拜神爲事，而忽略自身
所當行之仁義。試看曹端年譜記永樂十九年（1421）事：

> 先生至府，羣吏素聞先生名，未識其面，聚觀之，問曰：「舉世崇信
> 鬼神，先生獨不事，何也？」先生曰：「且如府太守清廉，列郡畏服，
> 有人執金帛，導以金鼓，欲賂太守，免差稅，如何？」羣吏愕然，
> 曰：「如此，將討死。」先生曰：「今人諂求鬼神，使神而果神耶，
> 亦將討死。使非其神，安用事爲？設一人犯盜，一人殺人，上司追
> 求至緊，二人各挾珍寶，暮夜請求免罪，太守可受而放之乎？今人
> 不務爲善，臣不忠，子不孝，弟不遜，婦不順，積惡有罪，天理不
> 容，乃諂媚鬼神，倖求非望，在鄉廣建淫祠，惑誘鄉人，在家裝圖
> 神像，朝夕奉獻，苟無災禍，曰：『事神所致也。』苟或不免，曰：
> 『所事不恭也。』惟知倚於鬼神，而修身爲善初不暇計。神本正直，
> 安受人閒枉法乎？」羣吏嘆服不已。〔註92〕

〔註90〕 同註3，《曹端集·夜行燭》，卷4，頁166。
〔註91〕 同註3，《曹端集·夜行燭》，卷4，頁167。
〔註92〕 同註3，頁278～279。引文第二句與最末句本作「郡吏」，然第四句「聚觀之」
表示吏者不只一人，且引文中另有「群吏愕然」之句，又筆者參考《景印文
淵閣四庫全書》本的曹端年譜皆作「羣吏」，則《曹端集》所錄應爲錯別字，
故改之。再者，引文中「使非其神」本作「使非其人」，然於文意不合，筆者
亦參考《景印文淵閣四庫全書》本而改之。《景印文淵閣四庫全書》之版本詳

這項記載表明，曹端強調「修身爲善」才是做人之道。一味的侍奉鬼神，對於是非禍福沒有意義，且「神本正直」，若認爲鬼神能受賄，而不論善惡皆有以祐之，那麼這樣的祭拜鬼神，只是一種流於諂媚的信仰罷了。此外，倘若身爲儒者，不但崇信鬼神，還用佛道齋醮的儀式祭拜之，在曹端看來是廢棄儒家之禮的罪行，其曰：

> 竊見僧不爲道醮而廢齋，道不爲僧齋而廢醮，是彼各知自重也。爲儒家者，祖天地，宗帝王，師周、孔，將以正人心，扶世道，反爲齋醮而廢禮，是自輕耳！寧無愧乎？且吾儒家之禮，原出於天地，制成於帝王，自周公而上作之者非一人，自周公而下明之者亦非一人矣，具載《五經》、《四書》，詳且備焉。彼釋迦、老聃之書，本無齋醮之論，而梁武、宋徽之君妄爲齋醮之說，故武餓死臺城，而徽流落金虜，本欲求福，反爲得禍，奈何世不知戒，踵繆成俗，言至於此，甚可痛也。〔註93〕

曹端指出佛老兩家本無齋醮，故這裡所批判的對象並不是原始的佛家與道家，而是假借佛道之名的宗教形式。姑且不論儒者之用齋醮是爲廢禮之事，即便不是儒者而爲之，擅自祭拜非其先祖之鬼神，而忽略自身所應守之禮法，仍然不能爲曹端所苟同：

> 茲有僧佯修善事，擅聚邑人，男女混雜，晝夜流連，甚非禮也。
>
> 〔註94〕

曹端年譜中記載，有僧人舉辦以供奉、祭拜爲事的法會，而其「男女混雜，晝夜流連」，這便是曹端所謂非禮之處，亦是嚴於男女有別的儒家思想所不允許的。然而，對於釋家所謂的「佛」，曹端仍然以其當時賢於眾人而敬之，先看宋代楊時所記程頤道宿僧舍之事，《龜山集》云：

> 翟霖送正叔先生西邊，道宿僧舍，坐處背塑像，先生令轉倚勿背。霖問曰：「豈以其徒敬之，故亦當敬邪？」正叔曰：「但具人形貌，便不當慢。」〔註95〕

見註85內所提到的《曹月川集》，頁43下～44下。

〔註93〕同註3，頁269。

〔註94〕同註3，頁269。

〔註95〕詳見（宋）楊時：《龜山集》（臺北：臺灣商務印書館股份有限公司，1985年9月，《景印文淵閣四庫全書》本，集部六四，別集類，冊1125），卷12，頁17下。

曹端對程頤此事加以闡發，其年譜記載永樂二十年事云：

> 同僚友劉周二先生避暑僧舍，……謝琚背佛像設座，先生曰：「只東
> 西列坐。」二先生問其故，先生曰：「昔程伊川遊僧舍，一後生置座
> 背佛像設之，亦如謝生也。伊川令列坐，門人問曰：『先生平日闢佛、
> 老，今何敬也？』伊川曰：『平日所闢者，道也。今日所敬者，人也。
> 且佛亦人耳，想在當時亦賢於眾人者，故闢其道而敬其人。』」二先
> 生嘆服。〔註96〕

據《龜山集》所錄，程頤並未明言「闢其道而敬其人」之語，此應為曹端藉
題發揮，是故可以直稱他雖不信釋教，但亦未嘗無禮於佛。再者，對於鬼神
的祭拜，曹端也並非一概否定，其曰：

> 至於神之有功德於民者，其祀典亦不敢僭禮。天子祭天地，諸侯祭
> 山川，大夫祭五祀，士、庶人祭其祖先，上得以兼下，下不得以僭
> 上。今一郡一邑，神祀數百，一村一落，神祀數十，家家事天地，
> 人人祭山川，甚者昊天上帝與五嶽及忠臣烈士同坐一室，共饗一祀，
> 悖禮傷教，不可勝言。〔註97〕

曹端明言祭祀的對象有所分際，天子、諸侯、以至於平民百姓皆有其所應當
供奉者，若僭分而祭拜鬼神，乃是悖禮害道之事。此外曹端亦有論及祭拜的
具體作法，當然，「非其鬼而祭之，諂也」，故「非其鬼」者並不在曹端認同
的祭祀範圍內，其所論述者乃指祭拜自家祖先而言，曹端說：

> 事死如事生，如每日清晨，侍者設盥櫛之具，既而朝奠，食時上食，
> 晚而夕奠，朔日於朝奠設饌，有新物則薦之，一如生時奉養也。事
> 亡如事存，如祭之日，入室僾然必有見乎其位；周還出戶，肅然必
> 有聞乎其容聲；出戶而聽，愾然必有聞乎其嘆息之聲。色不忘乎目，
> 聲不絕乎耳，心志嗜欲不忘乎心，一如存時奉養也。〔註98〕

此處所謂「聞乎其容聲」、「聞乎其嘆息之聲」者，不是敘述靈異玄奇之事，

〔註96〕同註3，頁280～281。引文中「一後生置座背佛像設之」原作「二後生置座
背佛像設之」，但《龜山集》所記僅有翟霖一後生，又筆者參考《景印文淵閣
四庫全書》本的曹端年譜亦作「一後生置座背佛像設之」，則《曹端集》所錄
應為錯別字，故改之。
《景印文淵閣四庫全書》之版本詳見註85內所提到的《曹月川集》，頁45下。
〔註97〕同註3，頁264。
〔註98〕同註3，《曹端集‧曹月川先生語錄》，卷6，頁225。

乃是懷念先人、心存敬意、使不忘其生前「心志嗜欲」之故所致，是以曰「事死如事生」。先人雖逝，但侍奉一如在世之時，這不僅是外在的具體作法，同時也對內在的心誠意敬有所要求。大致看來，確實可謂曹端對鬼神之態度乃存而敬之、敬而遠之，但絕不迷而諂之。

　　以上是本節曹端「異端之辨」的探討，我們可以發現，《夜行燭》所提供的資料不在少數，但上文中卻沒有引用到《家規輯畧》的資料，《家規輯畧》既同為曹端所著之家規族訓，難道其中對「異端之辨」沒有加以訓示嗎？其實是有的，但所錄者出於義門鄭氏之舊本，試看《家規輯畧‧諸子第四》：

> 子孫不得目觀非禮之書，其涉戲淫褻之語者，即焚毀之，妖幻符呪之屬，並同。

> 子孫毋習吏胥、毋為僧道、毋狎屠豎，以壞亂心術，當以「仁義」二字銘心鏤骨，庶幾有成。

> 子孫不得惑於邪說，溺於淫祀，以徼福於鬼神。

> 子孫不得修建異端祠宇，粧塑土木形像。〔註99〕

義門鄭氏之舊本既已詳加規範，經由曹端接受而納入《家規輯畧》之中，則曹端自不須再另行立訓。大體而言，可以說曹端道德實踐的兩本著作——《夜行燭》與《家規輯畧》，都蘊含著堅定且明白的「異端之辨」的訓示。

〔註99〕此條與以上三條引文同註3，《曹端集‧家規輯畧》，卷5，頁188。在頁190處有說明此篇前二十八則出於鄭氏之舊本。

第五章　曹端理學對明儒之影響

　　經過前面兩章的探討，我們清楚了曹端在理氣論方面各個重要觀念的定義、以及其具代表性的理論發揮，又掌握他各項道德實踐、包括其著作中堅定的道德教化，有了這些認識作基礎，下文便可以接著談曹端對明代理學的影響。

　　影響來自於貢獻，曹端的理學在理論層面的新意發揮並不算豐富，多以程朱為主要內容，但是其中有幾個貢獻值得再次一提，如「孔顏樂處」的道破。曹端謂「孔、顏之樂者，仁也，非是樂這仁，仁中自有其樂耳」，其相關論述已在第三章第二節說明，曹端「見學者鮮自得之，故為來學說破。」〔註1〕這便是他的貢獻之一，而這個論題到曹端處可說是作了一個完結，後儒即使有再論及「孔顏樂處」，仍不出曹端之說。又如曹端的事心之學，強調在心處下工夫，使得程朱之學在他手中多了一分心學色彩，自此之後，明儒對「心」的體驗成果愈顯豐碩，在這一方面，曹端所帶來的影響是無法詳確估量的。

　　理學的發展，從宋朝經元代的過渡時期，慢慢可以看出朱陸折衷的軌跡，然朝廷重視之故，程朱學說在明初蔚為主流，而當時幾位「述朱」學者，便有承元代格局而主張調合朱陸者、亦有拒心學而獨尊程朱者。明初大儒在曹端之前有宋濂、劉基、方孝孺等著名學者，其時程朱之學的延續多有賴這幾位儒者的支持。然而曹端身處這些「述朱」名儒之中，獨獨對朱熹學說進行檢視，一方面宗奉程朱，一方面卻又發展了另一條不同於當朝前賢的道路，

〔註 1〕詳見（明）曹端著，王秉倫點校：《曹端集・通書述解》（北京：中華書局，2003 年 10 月），卷 2，頁 79。

以事心之學爲進德工夫論的主旨，使得原本趨向調合朱陸的學術風氣，在程朱之學受到朝廷提倡後，心學的種子也不甘寂寞的在明儒思想中發芽。應該可以說，明代中期以後王守仁（1472～1528）心學的提出，曹端或多或少提供了間接的影響力，王守仁說：

> 人若眞實切己、用功不已，則於此心天理之精微日見一日，私欲之細微亦日見一日。若不用克己工夫，終日只是說話而已，天理終不自見，私欲亦終不自見。〔註2〕

> 必欲此心純乎天理，而無一毫人欲之私，此作聖之功也。必欲此心純乎天理而無一毫人欲之私，非防於未萌之先，而克於方萌之際不能也。〔註3〕

這些話的意旨，難道不會令人聯想到曹端的克己事心之學嗎？這種雷同不能斷說爲巧合。當然，兩者的意旨雖相近，但畢竟在理學根本觀念上有著顯著差異。曹端以性即理，王守仁以心即理，這是兩種不同的理學流域。〔註4〕《明史》曰：

> 曹端、胡居仁篤踐履，謹繩墨，守儒先之正傳，無敢改錯。學術之分，則自陳獻章、王守仁始。〔註5〕

一般而言，明代心學的肇始，乃從陳獻章（1428～1500）論起、至王守仁大成，而曹端只是在工夫論上帶有心學的色彩罷了。曹端與王守仁之間的近似，其關係是間接的、其影響亦是間接的，兩者的學脈更是分殊的，其中並沒有清楚的軌跡，並不能遽說王守仁「直接」受到曹端的啓發。再說，曹端對明儒的影響，主要還是在理氣關係的探討上。既是如此，下面不妨來談談曹端理氣論對明儒的影響。這些影響或者直接、或者間接，但確有一條清晰的脈絡可尋，特別是在理氣關係的看法上，曹端所帶引出明儒在理氣論上的發展與變化，將是下面兩節的討論重心。

〔註2〕 詳見（明）王守仁著、錢德洪編、謝廷傑彙集：《王文成全書》（臺北：臺灣商務印書館股份有限公司，1985年12月，《景印文淵閣四庫全書》本，集部二〇四，別集類，冊1265），卷1，頁35上。

〔註3〕 同註2，卷2，頁44下。

〔註4〕 即程朱理學與陸王心學的分野。

〔註5〕 詳見（清）張廷玉等修：《明史·列傳第一百七十·儒林》（臺北：臺灣商務印書館股份有限公司，1984年3月，《景印文淵閣四庫全書》本，史部五九，正史類，冊301），卷282，頁2上。

第一節　理氣一體的內涵發展

一、薛　瑄（1389～1464）

　　劉宗周〈師說〉在論述曹端時，稱薛瑄爲「聞先生之風而起者」，〔註6〕「先生」即指曹端。薛瑄的理學思想，明顯受有曹端的影響，試看薛瑄《讀書錄》云：

> 纔收斂身心，便是居敬。纔尋思義理，便是窮理，二者交資而不可缺一也。
>
> 一於居敬而不窮理，則有枯寂之病；一於窮理而不居敬，則有紛擾之患。
>
> 居敬有力，則窮理愈精。窮理有得，則居敬愈固。〔註7〕
>
> 蓋道妙莫測，靡有攸定，惟敬則能凝聚得此理常在。如心敬則凝聚得德在心上，貌敬則凝聚得德在貌上，以至耳、目、口、鼻之類，無不皆然。〔註8〕

薛瑄同曹端一樣，亦重視「敬」的工夫，而其所謂「收斂身心」、「心敬」與「貌敬」，便知其「居敬」不止於外在的操持，亦講究內在的涵養，且薛瑄在「居敬」之外，又提出「窮義理」來相佐，是爲「居敬以立本，窮理以達用。」〔註9〕實則薛瑄所謂的「尋思義理」、「窮理以達用」，即如同曹端工夫論中的「不妄」，不妄以寡欲之故，寡欲乃由集義而來，即知合宜與不合宜也。統體觀之，薛瑄的「居敬」與「窮理」，可說是和曹端工夫論中「敬」與「義」相契合。再看薛瑄說：

> 天地本然之性，就氣質中指出不雜者言之。氣質之性即本然之性墮在氣質中者，初非二性也。〔註10〕
>
> 就氣質中指出仁、義、禮、智，不雜氣質而言謂之天地之性；以仁、

〔註6〕詳見（清）黃宗羲：《明儒學案》（臺北：臺灣商務印書館股份有限公司，1984年7月，《景印文淵閣四庫全書》本，史部二一五，傳記類，冊457），頁5下。
〔註7〕此條與上兩條引文詳見（明）薛瑄：《讀書錄》（臺北：臺灣商務印書館股份有限公司，1985年2月，《景印文淵閣四庫全書》本，子部十七，儒家類，冊711），卷3，頁14下。
〔註8〕同註7，卷4，頁23上。
〔註9〕同註7。
〔註10〕同註7，卷9，頁1上。

義、禮、智雜氣質而言，故謂氣質之性，非有二也。〔註11〕

曹端論性，兼天命之性與氣質之性論之，薛瑄同樣分別了天地本然之性與氣質之性，且進一步說「初非二性」，其有所分乃是從雜與不雜氣質的角度而言。天地本然之性即天命之性，薛瑄認為能全天命之性便達聖人境界，其論「孔顏樂處」談到：

> 周子〈顏子〉章不言貴富為何事，其下〈師友〉章言天地間至尊者道、至貴者德。道、德即天命之性也，恐孔顏之樂亦不過全天命之性而已。〔註12〕

薛瑄以為孔顏之樂在於全天命之性，非樂此天命之性，乃是成全天命之性後自然便有樂處，此即合於曹端在《通書述解》所說破的「孔顏樂處」之意。〔註13〕薛瑄又說：

> 竊謂天命即天道也，天道非太極乎？天命既有流行，太極豈無動靜乎？朱子曰：「太極，本然之妙也；動靜，所乘之機也。」是則動靜雖屬陰陽，而所以能動靜者實太極為之也。使太極無動靜，則為枯寂無用之物，又焉能為造化之樞紐、品彙之根柢乎、以是而觀，則太極能為動靜也明矣。〔註14〕

薛瑄在這段文字中，替曹端〈辨戾〉與朱熹的說法做了折衷。首先，他認為太極有動靜，是「造化之樞紐、品彙之根柢」，同曹端一般強調理的主宰性，結語且謂「太極能為動靜也明矣」，這自然是肯定曹端的用意；再者，太極的動靜是表現在陰陽處，太極是陰陽的「所以能動靜者」，這又回歸到朱熹「陽動陰靜，非太極動靜」〔註15〕的說法，即《讀書錄》所謂「太極不可以動靜言，然舍動靜便無太極」，〔註16〕故謂其折衷朱曹二人之說。但薛瑄與朱熹之間還是有一個顯著差異，朱熹從「理本氣末」的觀點出發，認為「理與氣本無先後之可言，但推上去時，却如理在先、氣在後相似。」〔註17〕薛瑄則主

〔註11〕同註7，《讀書續錄》，卷7，頁5上。
〔註12〕同註7，《讀書續錄》，卷4，頁22上。
〔註13〕同註1。
〔註14〕同註7，卷9，頁15下～16上。
〔註15〕詳見（宋）朱熹著，（清）李光地、熊賜履等編：《御纂朱子全書》（臺北：臺灣商務印書館股份有限公司，1985年2月，《景印文淵閣四庫全書》本，子部二七，儒家類，冊721），卷49，頁14上。
〔註16〕同註7，卷6，頁7下。
〔註17〕同註15，頁4上。

張「理氣無縫隙」，〔註18〕認爲理氣無間，故不可分先後，其曰：

> 竊謂理氣不可分先後，蓋未有天地之先，天地之形雖未成，而所以
> 爲天地之氣，則渾渾乎未嘗間斷止息，而理涵乎氣之中也。及動而
> 生陽而天始分，則理乘是氣之動而具於天之中；靜而生陰而地始分，
> 則理乘是氣之靜而具於地之中。分天分地而理無不在，一動一靜而
> 理無不存，以至化生萬物，萬物生生而變化無窮，理氣二者蓋無須
> 臾之相離也，又安可分孰先孰後哉？〔註19〕

薛瑄所強調者，在於理氣無先後、無須臾相離，這樣的觀點自然是不同於朱
熹理先氣後的想法，朱熹曰：

> 所謂理與氣，決是二物，但在物上看，則二物渾淪，不可分開各在
> 一處，然不害二物之各爲一物也；若在理上看，則雖未有物，而已
> 有物之理。〔註20〕

從此條資料更能明白，朱熹所謂「雖未有物，而已有物之理」，顯然斷出了理
在邏輯上爲先、氣則在後。這並不是指時間上的先後，但如此的說法有可能
使人鑽入「理可以獨自存在」的思考，這是薛瑄所不贊同的。是以薛瑄說理
氣無須臾相離，而在理氣先後的論題上，其自是異於朱熹。

　　薛瑄「理氣無先後」的想法可以從曹端〈辨戾〉找到線索。曹端〈辨戾〉
喻理氣關係爲「活人乘馬，則其出入、行止、疾徐，一由乎人駆之」，〔註21〕
乃是人爲主宰，但人乘馬上行止如一，故人馬可說是一體，即黃宗羲所評「兩
物而一體」。〔註22〕薛瑄便是發揮了這種理氣爲一體的想法，而有理氣無先後之
說。這個論點，若要進一步說明，則爲「理在氣中」，他說：

> 理只在氣中，決不可分先後。如太極動而生陽，動前便是靜，靜便
> 是氣，豈可說理先而氣後也。〔註23〕

理在氣中，故無須臾相離而無先後，薛瑄這個想法到了稍後的胡居仁，又帶
來新的發展。

〔註18〕 同註 7，卷 6，頁 7 下。
〔註19〕 同註 7，頁 2 下～3 上。
〔註20〕 同註 15，頁 6 上。
〔註21〕 同註 1，《曹端集・辨戾》，卷 1，頁 24。
〔註22〕 同註 6，卷 44，頁 3 下。
〔註23〕 同註 7，卷 4，頁 22 上。

二、胡居仁（1434～1484）

紀昀在曹端《太極圖說述解》的提要裡談到：「蓋明代醇儒，以端及胡居仁、薛瑄為最，而端又開二人之先。」〔註24〕《明史》則曰：

> 明初諸儒，皆朱子門人之支流餘裔，師承有自，矩矱秩然。曹端、
> 胡居仁篤踐履，謹繩墨，守儒先之正傳，無敢改錯。〔註25〕

從清人的這兩條資料可以發現，曹端和胡居仁之間有一種聯繫存在。《明史》稱他們「篤踐履，謹繩墨」，這是外在道德實踐上的相近，接著來談其理論方面的聯繫與近似處。

首先看到胡居仁所提及的孔顏之樂：

> 上蔡記明道語，言「既得後，須放開。」朱子疑之，以為既得後，
> 心胸自然開泰，若有意放開，反成病痛。愚以為，得後放開雖似涉
> 安排，然病痛尚小。今人未得前先放開，故流於莊佛。又有未能克
> 己求仁，先要求顏子之樂，所以卒至狂妄。殊不知周子令二程尋顏
> 子之樂處，是要見得孔顏因甚有此樂、所樂何事，便要做顏子工夫，
> 求至乎其地。豈有便求自己身上尋樂乎？故放開太早、求樂太早，
> 皆流於異端。〔註26〕

胡居仁所論孔顏樂處，其意仍不出曹端所謂「孔、顏之樂者，仁也，非是樂這仁，仁中自有其樂耳」，〔註27〕目的在求得仁，而不是在求得樂，然綜觀胡居仁整段文字之大旨，可知其主要在強調克己求仁之工夫須踏實力行，不可好高騖遠，以免流於異端。下文就來檢視其工夫論。

胡居仁的工夫論也如曹端重視「主敬」，但胡居仁更強調心體為「主敬」的對象，其《居業錄》有云：

> 主敬只是要得此心專一，專則內直，中自有主。有主則事物之來，
> 便能照察斷制。〔註28〕

〔註24〕 詳見（清）紀昀等撰：〈太極圖說述解提要〉（臺北：臺灣商務印書館股份有限公司，1985 年 2 月，《景印文淵閣四庫全書》本，子部三，儒家類，冊 697），頁 1 下。

〔註25〕 同註 5。

〔註26〕 詳見（明）胡居仁：《居業錄》（臺北：臺灣商務印書館股份有限公司，1985年 2 月，《景印文淵閣四庫全書》本，子部二○，儒家類，冊 714），卷 3，頁 9 上～9 下。

〔註27〕 同註 1。

〔註28〕 同註 26，卷 2，頁 3 上。

恭敬則非特心存，又且明瑩。蓋心是神明之舍，存則自明。〔註29〕

心雖主乎一身體之虛靈，足以管乎天下之理；理雖散在萬事，用之微妙實不外乎一人之心。知此則內外、體用，一而二、二而一也。〔註30〕

心無主宰，靜也不是工夫，動也不是工夫。靜而無主，不是空了天性、便是昏了天性，此大本所以不立也。動而無主，若不猖狂妄動、便是逐物徇私，此達道所以不行也。己立後自能了當得萬事，是有主也。〔註31〕

從這四條資料可知，胡居仁重視心體的程度，較之曹端又大幅的提高，心不但是修養的根本對象，還統攝天下萬事萬物之理，故其謂「心與理一」、「心理不相離」：

蓋心具眾理，眾理悉具于心，心與理一也。故天下事物之理雖在外，統之在吾一心；應事接物之迹雖在外，實吾心之所發見。故聖人以一心之理應天下之事，內外一致，心迹無二。〔註32〕

心理不相離，心存則理自在，心放則理亦失。理明則心必明，心明則理亦著。存心、窮理交致其功方是。〔註33〕

曹端的事心之學僅是帶有心學色彩，經過薛瑄、到了胡居仁，則是人人提昇了心體在理氣論中的重視程度，可以說心體就是胡居仁理氣論中的核心所在。那麼胡居仁所認爲的理氣關係爲何呢？前文提過，曹端〈辨戾〉中隱涵「理氣一體」的想法，到了薛瑄便發展出「理氣無縫隙」、「理在氣中」的論題，而薛瑄所導出的論題，在胡居仁處又有新發展，其亦主張理在氣中，他說：

立天之道曰陰與陽，陰陽，氣也，理在其中。立地之道曰柔與剛，剛柔，質也，因氣以成。立人之道曰仁與義，仁義，理也，具于氣質之內。三者分殊而理一。〔註34〕

〔註29〕同註26，卷2，頁4下。
〔註30〕同註26，卷1，頁3上～3下。
〔註31〕同註26，卷1，頁6下。
〔註32〕同註26，卷1，頁3下。
〔註33〕同註26，卷1，頁3上。
〔註34〕同註26，卷8，頁55下。《明儒學案》所記此條有出入。《居業錄》爲「立地之道曰柔與剛，剛柔，質也，因氣以成」，《明儒學案》則爲「立地之道曰柔與剛，剛柔，質也，因氣以成理」，倘若採用《明儒學案》之版本，則此條資

胡居仁明白的提出，理具於氣質之中。原本薛瑄說理在氣中，強調理氣無先後，但是胡居仁雖在這裡主張理在氣中，卻在別處又透露出理氣有先後的意蘊，《居業錄》云：

> 有理而後有氣，有氣則有象有數，故理氣、象數皆可以知吉凶，四者本一也。〔註35〕

> 有理而后有氣。有是理必有是氣，有是氣必有是理，二之則不是。

〔註36〕

這兩條資料說的是理先氣後，既分先後，卻又謂「二之則不是」，實有矛盾之處。然而《明儒學案》中所記其言，又出現相左的論點：

> 「有此理則有此氣，氣乃理之所為」是反說了，有此氣則有此理，理乃氣之所為。〔註37〕

從《明儒學案》所錄的此條資料看來，其所隱涵的意義變成氣先於理，理依氣而存，理失去了在邏輯上的優先性，「理在氣中」也變成「氣先於理」的附加解釋，此與前說「有理而后有氣」相矛盾。然不論是哪一種說法，胡居仁所論理氣關係，難以避免有分出先後的想法存在，故其「理在氣中」與薛瑄所云不盡相同。從曹端〈辨戾〉隱涵的「理氣一體」，經過薛瑄「理氣無縫隙」、「理氣無先後」之說，至胡居仁的理氣先後問題，理氣的關係漸漸起了重大轉變，到了明代中期的羅欽順，又接下他們的棒子，對理氣關係的論述繼續開展新的方向。

第二節　從理本論走到氣本論

一、羅欽順（1465～1547）

羅欽順為明代中期程朱理學具代表性的儒者，其時站在另一方的王守仁心學大盛，程朱學派的羅欽順，其理學思想對心體的重視程度已經減低，不若前儒曹端、胡居仁等那般強調，而程朱學派能在明代中期不被陸王心學壓垮，亦多有賴於羅欽順。

料乃將氣置於理之前。《明儒學案》之版本詳見同註6，卷5，頁13上。
〔註35〕同註26，卷6，頁6上。
〔註36〕同註26，卷8，頁21下。
〔註37〕同註6，卷5，頁9上。

羅欽順曾分別對薛瑄與胡居仁的思想作過評論，其《困知記》有言：

> 薛文清讀書甚有體認工夫，見得到處儘能到區區所見，蓋有不期而
> 合者矣。然亦有未能盡合處，信乎歸一之難也。《錄》中有云「理氣
> 無縫隙，故曰器亦道、道亦器」，其言當矣。至於反覆證明「氣有聚
> 散、理無聚散」之說，愚則不能無疑。夫一有一無，其爲縫隙也大
> 矣，安得謂之「器亦道、道亦器」？蓋文清之於理氣，亦始終認爲
> 二物，故其言未免時有窒礙也。〔註38〕

> 《居業錄》中言敬最詳。蓋所謂「身有之故，言之親切而有味也」。
> 然亦儘窮理，但似乎欠透，如云「氣乃理之所爲」、又云「人之道乃
> 仁義之所爲」、又云「所以爲是太和者，道也」、又云「有理而後有
> 氣」、又云「易即道之所爲」。但熟讀〈繫辭傳〉，其說之合否自見。
> 〔註39〕

關於「氣有聚散理無聚散」之說，薛瑄以「日光飛鳥」爲喻：

> 理如日光，氣如飛鳥。理乘氣機而動，如日光載鳥背而飛。鳥飛而
> 日光雖不離其背，實未嘗與之俱往而有間斷之處；亦猶氣動而理雖
> 未嘗與之暫離，實未嘗與之俱盡而有滅息之時。氣有聚散，理無聚
> 散，於此可見。〔註40〕

羅欽順指出，薛瑄此說仍是將理氣分爲二物，故難免「窒礙」。反過來說，羅
欽順即是主張理氣爲一物，其《困知記》云：

> 理果何物也哉？蓋通天地、亙古今，無非一氣而已。氣本一也，而
> 一動一靜、一往一來、一闔一闢、一升一降，循環無已。積微而著，
> 由著復微。爲四時之溫涼寒暑，爲萬物之生長收藏，爲斯民之日用
> 彝倫，爲人事之成敗得失。千條萬緒，紛紜膠轕而卒不可亂。有莫
> 知其所以然而然，是即所謂理也。初非別有一物依於氣而立、附於
> 氣以行也。〔註41〕

這條資料在說明，氣之外並非別有一理爲主宰，理氣之關係也並非如薛瑄「日

〔註38〕 詳見（明）羅欽順：《困知記》（臺北：臺灣商務印書館股份有限公司，1985
　　　　年2月，《景印文淵閣四庫全書》本，子部二○，儒家類，冊714），卷下，頁
　　　　23下～24上。

〔註39〕 同註38，頁25下～26上。

〔註40〕 同註7，卷5，頁11上。

〔註41〕 同註38，卷上，頁7上。

光飛鳥」之喻所說的日光依附於飛鳥、理依附於氣。羅欽順認為天地之間無
非一氣，且「理須就氣上認取，然認氣為理便不是」。〔註42〕何謂「理須就氣
上認取」？在羅欽順的觀念裡，氣之動靜的所以然，乃是不得不然，而理則
是此「不得不然」的名稱，即其所云「氣之聚，便是聚之理；氣之散，便是
散之理」，〔註43〕故謂「理須就氣上認取」。至此可以察覺到，羅欽順所堅持
的「就氣認理」，已經逐漸走向以氣為本的氣本論，無怪乎他會評胡居仁所謂
「氣乃理之所為」、「有理而後有氣」……等等之說法為欠透之處。再看《困
知記》說：

> 理只是氣之理，當於氣之轉折處觀之。往而來、來而往，便是轉折
> 處也。夫往而不能不來，來而不能不往，有莫知其所以然而然，若
> 有一物主宰乎其間而使之然者，此理之所以名也。「易有太極」，此
> 之謂也。〔註44〕

所謂「往而不能不來，來而不能不往」，便是氣之動靜的不得不然。這裡要注
意到，「若有一物主宰乎其間而使之然者」，意指彷彿有一物主宰氣之動靜，
但只是「彷彿」而已，並不是在氣之外真有一理為主宰。羅欽順云：

> 或者因「易有太極」一言，乃疑陰陽之變易，類有一物主宰乎其間者，
> 是不然。夫易乃兩儀、四象、八卦之總名，太極則眾理之總名也。云
> 「易有太極」，明萬殊之原於一本也，因而推其生生之序，明一本之
> 散為萬殊也。斯固自然之機、不宰之宰，夫豈可以形迹求？〔註45〕

這條資料顯示，羅欽順所認知的理只是「自然之機、不宰之宰」，並不是真的存
在著一個有意識的主宰。其謂「萬殊之原於一本」、「一本之散為萬殊」，這個「理
一分殊」的觀念看似與曹端相同，實則不然。羅欽順的「理一分殊」還是要在
「就氣認理」的大前提來說，其所謂「理一」仍舊是待於氣的「分殊」才得以
認取，故《困知記》言「理一者，須就分殊上見得來，方是真切」。〔註46〕

　　從羅欽順評薛瑄、胡居仁的言論看來，「理氣一體」的觀念到羅欽順已經
轉變成「理氣為一物」。薛瑄在強調理氣無縫隙之餘，免不了將理氣分為二物，
這是主張理氣絕非二物的羅欽順所不贊成的；而胡居仁的一些論點將理置於

〔註42〕同註38，頁 14 上。
〔註43〕同註38，頁 24 上。
〔註44〕同註38，《困知記續錄》，卷上，頁 40 下～41 上。
〔註45〕同註38，卷上，頁 7 上～7 下。
〔註46〕同註38，卷下，頁 29 下。

氣之前，並認爲氣是理之所爲，這也是堅持就氣上認理的羅欽順所不能苟同的。至此，「理氣一體」的觀念已經一變再變，非當初曹端所能想像，而羅欽順如此超越了曹端、薛瑄等人所認知形上存有道體之傳統，這當然也並非直受曹端所左右，只是這中間脈絡轉折的源頭，仍要指向曹端。

二、王廷相（1474～1544）

在明代中期，除了羅欽順的「就氣認理」之外，同時期的王廷相進一步直接主張「萬理皆出於氣，無懸空獨立之理」，〔註47〕他受張載學說的影響，對於朱熹、曹端以來所持守的理本論進行徹底反思，並站在以氣爲本的氣本論立場與之分庭抗禮。將王廷相放在這個脈絡裡頭，似乎有勉強之嫌疑，因爲他於曹端、或薛瑄等人並沒有明顯的繼承痕跡。那麼究竟王廷相於此處引起關注的原因何在？一來，他與羅欽順處於同一個時期，都是該時代著名的儒者，二來，也是決定性的原因，即兩者的理氣觀念中有極爲近似之處，他們都有以氣爲本的主張，如此便值得加以注意。既然前文有談及羅欽順，這裡應當也要併論王廷相。其〈太極辯〉有言：

> 太極之說，始於「易有太極」之論。推極造化之源，不可名言，故曰太極。求其實，即天地未判之前，大始渾沌清虛之氣是也。虛不離氣，氣不離虛，氣載乎理，理出於氣，一貫而不可離絕言之者。故有元氣，即有元道。〔註48〕

王廷相比之羅欽順，明確站穩了氣本論的立場。羅欽順雖說「通天地、亙古今，無非一氣而已」，也強調「理須就氣上認取」，但是他從未如王廷相一般明言「理出於氣」，這正是王廷相理學思想的特徵所在。再看〈太極辯〉的一段文字：

> 夫萬物之生，氣爲理之本，理乃氣之載，所謂有元氣則有動靜，有天地則有化育，有父子則有慈孝，有耳目聰明是也。非大觀造化、默契道體者，惡足以識之？〔註49〕

這裡又提到「氣爲理之本，理乃氣之載」，則其所持之觀點明矣。王廷相在另一篇文章〈橫渠理氣辯〉亦有相同之論，他說：「氣，游於虛者也；理，生於氣者

〔註47〕詳見（明）王廷相著，王孝魚點校：《王廷相集‧王氏家藏集‧太極辯》（北京：中華書局，1989 年 9 月），冊 2，卷 33，頁 596。
〔註48〕同註 47。
〔註49〕同註 47，頁 597。

也。氣雖有散，仍在兩間，不能滅也」，又謂「理根於氣，不能獨存也」，〔註50〕這些言辭在在顯示了他以氣爲本的明確主張，而宋明儒學中「理一分殊」的論題到王廷相手中，也成爲他氣本論得以發揮之所在，其〈雅述〉有言：

> 天地之間，一氣生生，而常萬變，萬有不齊，故氣一則理一，氣萬則理萬。世儒專言理一而遺萬，偏矣。天有天之理，地有地之理，人有人之理，物有物之理，幽有幽之理，明有明之理，各各差別。統而言之，皆氣之化，大德敦厚，本始一源也；分而言之，氣有百昌，小德川流，各正性命也。〔註51〕

「理一分殊」這個論題，在羅欽順「理一者，須就分殊上見」之說便產生了變化，羅欽順所稱「理一」，已經不是指邏輯上具有優先性的「理」，因爲他所說的「理一」還得就氣的「分殊」才可以認取，則理須待於氣不辨而明。到了王廷相「氣一則理一，氣萬則理萬」之論，更直接取消「懸空獨立之理」，一切「皆氣之化」，而曹端所強調具有主宰性的活理，當然也不在王廷相同意的範圍之內。因爲王廷相認爲「元氣即道體」，〔註52〕是故先儒所說之道體，在王廷相思想中，其位置已經完全被氣所取代。

再回過頭來看〈辨戾〉，曹端強調的是使形上之道體更活潑、更具主宰性，其所謂「活人乘馬，則其出入、行止、疾徐，一由乎人馭之」，〔註53〕人自然是主宰，而人乘於馬使兩者行止如一，則人馬可說是一體。換言之，也就是形上之活理爲主宰，且與形下之氣爲一體，故〈辨戾〉於此處所展現者乃是理本論的思想。經過薛瑄、胡居仁等人的理氣論發展，除了《明儒學案》所載胡居仁「有此氣則有此理，理乃氣之所爲」〔註54〕此說有氣先理後的涵義外，綜觀二人之著作，大致仍未傾向氣本論。到了羅欽順，藉著評論薛瑄、胡居仁等人的理氣論，表明其用意在堅持理氣非二物，且氣的地位也隱然在其理學思想中漸漸抬高。而同時期的王廷相，還不止是拉昇氣的地位，更直接從根本處將氣擺在原來道體的位置，故有所謂「氣即道，道即氣，不得以離合論者」。〔註55〕至此，曹端理氣一體的理本論，隨著時間的推進、各個明

〔註50〕 同註47，《王廷相集・王氏家藏集・橫渠理氣辯》，頁603。
〔註51〕 同註47，《王廷相集・雅述》，冊3，上篇，頁848。
〔註52〕 同註47，《王廷相集・雅述》，冊3，上篇，頁848。
〔註53〕 同註1，《曹端集・辨戾》，卷1，頁24。
〔註54〕 同註6，卷5，頁9上。
〔註55〕 同註47，《王廷相集・雅述》，冊3，上篇，頁848。

儒的闡發，演變到王廷相之時，已經正式從反對理本論的觀點立說，成為「元氣即道體」的氣本論了。

　　以上本章所談理氣論的發展脈絡，其中曲折的轉變過程，尋其肇始，便是曹端理氣論帶給明儒或直接、或間接的影響所致。

第六章　近人研究曹端理學之相關議題辨析

　　上一章處理了曹端對明儒的影響，接下來把焦點拉到現代，本章將舉出兩岸研究曹端理學的學術著作來進行辨析。這些著作乃是近人研究曹端理學中，目前較完整且具代表性者。他們提供許多重要議題的討論，主要包含曹端的理氣論、心性論、工夫論、與影響後學等四部分，再加上一些其他議題如孔顏樂處的短幅論述，以下共分五節探討之。

第一節　關於曹端〈辨戾〉一文的探討

　　首先看到錢穆先生的意見。在〈明初朱子學流衍考〉中，關於〈辨戾〉一文，錢穆先生提出了兩個重要觀點，一是對黃宗羲評論〈辨戾〉的說法提出質疑，二是闡發曹端作此文之苦心。黃宗羲曾云：

> 先生之辨雖爲明晰，然詳以理馭氣，仍爲二之。氣必待馭於理，則氣爲死物。抑知理氣之名，由人而造。自其浮沉升降者而言則謂之氣；自其浮沉升降不失其則者而言則謂之理。蓋一物而兩名，非兩物而一體也。〔註1〕

對於上引黃宗羲之論述，本文已將錢穆先生的看法整理於第三章第一節「太極動靜」中。黃宗羲所謂「一物而兩名」，實乃承自朱熹「理氣不離」之意；但若如其所言，理氣非二物，而將理氣揉合爲一，則黃宗羲此說便同時失去

〔註1〕詳見（清）黃宗羲：《明儒學案》（臺北：臺灣商務印書館股份有限公司，1984年7月，《景印文淵閣四庫全書》本，史部二一五，傳記類，冊457），卷44，頁3上～3下。

了朱熹「理氣不雜」之意。〔註2〕

再者，曹端《太極圖說述解》謂理為「無形象之可見，無聲氣之可聞，無方所之可指」，〔註3〕錢穆先生云：

> 然若果知理之為無形象，無聲氣，無方所，則此乘馬之人，宜亦不
> 致有為死人之疑矣。〔註4〕

意指曹端〈辨戾〉疑乘馬者為死人，有未明其自言「理為無形象、無聲氣、無方所」之嫌。但另一方面，錢穆先生也肯定了曹端作〈辨戾〉之用心，這一點亦曾在第三章第一節提過。〔註5〕錢穆先生指出，曹端所昭示的儒家之理，「虛而有」、「寂而感」、且能涵養天地萬物，正與佛、老兩家講究的「寂而滅」、「虛而無」大相逕庭，就此琢磨，便可見出曹端作〈辨戾〉一文的苦心。〔註6〕實則此背後用心之所在，即申明理學家所謂的「道」有其入世的積極性。

對〈辨戾〉採取肯定的態度還不只錢穆先生一人，陳來先生《宋明理學》對曹端作〈辨戾〉之意，分析出另一個解釋，即太極的能動作用：

> 曹端反對朱熹"太極不自會動靜"，並不是認為太極自身會運動，而
> 是突出太極作為所以動靜者對於氣之運動的能動作用，用他自己的話
> 來說，就是把"死理"變為"活理"。曹端這個思想就理學史來說是
> 有其理由的。二程把理規定為氣之動靜的所以然，這種內在地支配氣
> 之運動的理，並不是死理，而就朱熹在論太極動靜時用的"乘載"觀
> 念而言，並不能反映出理或太極作為氣之動靜的所以然的思想，因而
> 曹端的這種修正對朱熹理論上的問題是有所見的。〔註7〕

引文中提到二程對理的規定。在對陳氏的說法進行討論之前，先看程頤兩段文字：

> 「一陰一陽之謂道」，道非陰陽也，所以一陰一陽，道也，如一闔一

〔註2〕關於錢穆先生的看法，詳見本文第三章第一節「太極動靜」，頁35。

〔註3〕詳見（明）曹端著，王秉倫點校：《曹端集・太極圖說述解》（北京：中華書局，2003年10月），卷1，頁5。

〔註4〕詳見錢穆〈明初朱子學流衍考〉，收於錢穆：《中國學術思想史論叢（四）》（臺北：聯經出版事業股份有限公司，1994年9月，錢賓四先生全集本），冊21，頁41。

〔註5〕詳見本文第三章第一節「太極動靜」，頁35～36。

〔註6〕錢穆先生的說法，詳見同註4，頁42。

〔註7〕詳見陳來：《宋明理學（第二版）》（上海：華東師範大學出版社，2004年3月），頁171。以下文中陳來先生簡稱陳氏。

闢謂之變。〔註8〕

離了陰陽更無道，所以陰陽者是道也。陰陽，氣也。氣是形而下者，
道是形而上者。〔註9〕

陳氏所謂「二程把理規定爲氣之動靜的所以然」，可以從上面這兩段文字找到
線索。一般認爲曹端〈辨戾〉理想中的太極是能自動靜的，陳氏則根據程頤
所揭示「所以一陰一陽，道也」的說法，將曹端〈辨戾〉的切入點從「太極
本身可以自動靜」演爲「太極的能動作用」。動靜的仍是氣，太極則是氣動靜
的所以然，而朱熹理乘氣如人乘馬之喻確難見「氣之動靜的所以然」，當然太
極也就缺少了對氣的能動作用之必然性。

　　在肯定的態度之外，接著來看看不同的意見。祝平次先生《朱子學與明
初理學的發展》〔註10〕對〈辨戾〉一文乃著眼於文句上的架構來解讀：

「乘陰陽之動靜而動靜耳」，即「馬之一出一入，而人亦與之一出一
入」；人與之一出一入，並非人有一出一入的動作，乃是馬一出一入，
而人因乘在馬上也似有一出一入的動作，而事實上只有馬在一出一
入。〔註11〕

祝氏又認爲，曹端舉朱熹言「有太極，則一動一靜而兩儀分」中的「太極」，
並不是「一動一靜」的直接主詞，祝氏指出在這句中「『一動一靜』的主語應
是『氣』而非『理』或太極」。〔註12〕有了上面這兩個觀點，則朱熹所謂之理
仍是寂然不動的，能動靜的只是氣。這樣一來，曹端所承認的「活理」、太極
自能動靜之說，便非朱熹之意，則朱熹自然也非曹端所稱「自相齟齬」了。

　　祝氏認爲，曹端所言「死理」確能凸顯朱熹理氣論中的一些問題，例如
「理能不能生氣」，即「理動不動」，但是曹端也巧妙的避過一個難題，即「活
人乘活馬，馬不一定聽人的話，則理即是活人，亦無絕對地駕馭馬的能力。」
對於「活理」的觀念，曹端確如祝氏所說未再繼續衍生發展，是以祝氏稱〈辨

〔註8〕 詳見（宋）程顥、程頤著，王孝魚點校：《二程集・河南程氏遺書》（北京：
　　　　中華書局，2004年2月，二版三刷），冊上，卷3，頁67。
〔註9〕 同註8，卷15，頁162。
〔註10〕 詳見祝平次：《朱子學與明初理學的發展》（臺北：臺灣學生書局，1994年2
　　　　月）。以下文中祝平次先生簡稱祝氏。此書原爲作者之碩士論文：《朱子的理
　　　　氣心性說與明初理學的發展》（臺北：國立臺灣大學中國文學研究所碩士論
　　　　文，1990年5月）。下文引用祝氏之書頁數，乃指學生書局出版之專書。
〔註11〕 同註10，頁122。
〔註12〕 同註10，頁123。

戾〉一文乃是曹端對朱熹「淺嘗即止的攻擊」。〔註13〕

祝氏亦談到黃宗羲對〈辨戾〉的評論。黃宗羲從王學「理氣是一」的立場來辯難〈辨戾〉之失,然而其師劉宗周卻贊許曹端此文引出的兩個問題——「理動不動」與「理氣是否為一」。〔註14〕劉宗周〈師說〉言曹端「即心是極,即心之動靜是陰陽,即心之日用酬酢是五行變合」,〔註15〕祝氏以曹端〈存疑錄序〉言「理之別名,曰太極,又曰太乙,曰至誠,曰至善,曰大德,曰大中」,其中並無「心」之名,故認為劉宗周之說有誇大之嫌。〔註16〕

除了祝氏以〈辨戾〉為曹端對朱熹「淺嘗即止的攻擊」外,也有認為曹端從根本上就呆看、錯看了朱熹所言的意見。侯外廬先生等編著《宋明理學史》集合了多位大陸學者的研究,〔註17〕該書指出,曹端用理解釋太極,並不符合周敦頤原意。〔註18〕周敦頤《通書》提到「理」字有兩處,即「理曰禮」與「禮,理也」,〔註19〕則曹端如此解釋太極,應是沿用朱熹之說。但曹端卻也不是全盤接收朱熹對太極的看法:

> 朱熹所以講太極不離動靜,理不離乎氣,是為了不使人們離物"懸揣"太極和理,而所以把兩者分開,是為了強調太極和理的絕對性……但是,曹端不同意朱熹把太極與動靜、理與氣看成是二物的說法,而認為太極自能動靜,因此也不同意朱熹所謂理乘氣如人乘馬的比喻。〔註20〕

《宋明理學史》認為,曹端不同意朱熹將理氣看成二物,這個說法較特別,

〔註13〕同註10,頁124。
〔註14〕同註10,頁125。祝氏以劉宗周〈師說〉稱曹端「從古冊中翻出古人公案」實隱含贊許之意,而所贊許者便是這兩個問題。
〔註15〕同註1,劉宗周〈師說〉,頁5上。祝氏《朱子學與明初理學的發展》頁125,引文首句為「即心即極」,應為「即心是極」之誤。
〔註16〕同註10,頁126。祝氏原引文為「曰太乙」,應為「又曰太乙」之誤。曹端〈存疑錄序〉同註3,《曹端集·曹月川先生錄粹》,卷7,頁249。
〔註17〕是書由侯外廬、邱漢生、張豈之主編,由邱漢生、張豈之、盧鐘鋒、步近智、唐宇元、黃宣民、冒懷辛、龔杰、樊克政、孫開泰、崔大華、柯兆利、姜廣輝、任大援等人分撰。
〔註18〕詳見侯外廬等編著:《宋明理學史》(北京:人民出版社,1997年10月,二版二刷),卷下,頁108。
〔註19〕此二語分別出於《通書》的〈誠幾德第三〉與〈禮樂第十三〉,同註3,《曹端集·通書述解》,頁36與頁57。
〔註20〕同註18,頁109。

但不論是朱熹「人乘馬」、或曹端「活人乘馬」之喻，都免不了將理氣分爲二物。照《宋明理學史》的說法，則曹端的論點便產生了矛盾。如果單就〈辨戾〉中的文句進行觀察，那麼朱熹所謂「理不可以動靜言」〔註21〕顯然不會被曹端接受，而曹端是否不同意朱熹將理氣看成二物？是無法下定論的。總體而言，〈辨戾〉大旨在強調理的主宰性，意欲將朱熹所說的理演變爲「活理」，《宋明理學史》因之稱曹端此處的思想實際上違背朱說、乃是「"呆看"了朱熹的原話」。〔註22〕相類的意見還有胡森永先生《從理本論到氣本論——明清儒學理氣觀念的轉變》。〔註23〕胡氏認爲朱熹關於太極動靜的說法，並無前後矛盾：

> 朱子認爲太極是形而上的本體，理潔淨空闊，無形無跡，自無動靜可言，但是太極之理含具萬理，動靜之理即在太極之中，有這動之理便能動而生陽，有這靜之理即能靜而生陰，換言之，動靜是氣流行之事，生陰生陽亦然，太極只是就氣之動靜而劃分別出動之理與靜之理，而爲其超越的所以然根據，朱子爲了嚴格界分形上形下，又要圓融地說太極動而生陽，靜而生陰，因此有乘馬之喻，理不自能動靜，隨氣之動靜而呈現動靜之理，宛似隨氣之動靜而動靜。〔註24〕

因此，胡氏以曹端作〈辨戾〉乃是「未通盤理解朱子的理氣論，錯看了朱子的注解，而滋生疑惑」，實則朱熹的問題不在乘馬之喻。胡氏指出，朱熹的問題應在於「將太極之理體認爲『只存有而不活動』，不能直接生陰生陽。」〔註25〕而曹端作〈辨戾〉之意，還是在強調理能生氣、理氣渾融無問。

最後來看兩個較爲中立的意見。一是鄭自誠先生《明代前期理學思潮研究》對〈辨戾〉的評論，其謂：

> 月川在這個例子中，特別凸顯「人」的被動地位，把朱子從本原上討論理時，以理爲本體而強調其「不變」、「不動」、「先存」的特質

〔註21〕詳見（宋）朱熹著，（清）李光地、熊賜履等編：《御纂朱子全書》（臺北：臺灣商務印書館股份有限公司，1985年2月，《景印文淵閣四庫全書》本，子部二七，儒家類，冊721），卷49，頁35下。

〔註22〕同註18，頁109。

〔註23〕詳見胡森永：《從理本論到氣本論——明清儒學理氣觀念的轉變》（臺北：國立臺灣大學中國文學研究所博士論文，1991年6月）。以下文中胡森永先生簡稱胡氏。

〔註24〕同註23，頁69～70。

〔註25〕此條與上一條引文同註23，頁70。

舉出來，而有使理陷入僵固無能的「死理」的偏向；月川這樣的疑
慮，啟發了後來的朱學者，使其在修正朱子學時，盡量去除朱子闡
發理為「本體」、「形上」、「獨存」時易於給人死理的印象，而從理
氣的結構上闡發「理氣不離」、「理氣無先後」、「理在氣中」的理論。
〔註26〕

引文提到曹端的例子，指的是〈辨戾〉中所舉朱熹「人乘馬」之喻。朱熹此
喻顯露了「人」也就是「理」的被動地位，如此則形上之理難以作為形下之
氣的向善依據。曹端提出這樣的疑問，令明代其後朱學一派的儒者，走向理
氣結構問題的探討，並試圖建立更為完整之理論。關於這一點的論述，本文
已在第五章「曹端理學對明儒之影響」中論述過。

　　二是張學智先生的《明代哲學史》，首先看到其論曹端對朱熹的繼承。《明
代哲學史》指出，對於太極的說法，曹端乃是承襲朱熹之說，〔註27〕試看〈太
極圖說述解序〉：

太極，理之別名耳。天道之立，實理所為；理學之源，實天所出。
是故河出圖，天之所以授羲也；洛出書，天之所以錫禹也。羲則圖
而作《易》，八卦畫焉；禹則書而明〈範〉，九疇敘焉。聖心，一天
理而已；聖作，一天為而已。〔註28〕

由此可見曹端接受河圖洛書源於天授的傳統說法，而其中心意旨乃在「太極
是理」。對於這個論點，試看曹端如何闡釋：

太極者，象數未形而其理已具之稱，形器已具而其理無朕之目。
〔註29〕

象數未形成之前，太極便已存在；形器具備之後，太極亦存於其中而無跡，
張氏認為這便是曹端「接受了朱熹理一分殊的觀點」〔註30〕之證據。接著看
到其對〈辨戾〉的意見，張氏認為朱熹對於理之動靜問題，其說表面似有矛

〔註26〕 詳見鄭自誠：《明代前期理學思潮研究》（臺北：國立臺灣大學中國文學研究
　　　　所碩士論文，1997年6月），頁14。以下文中鄭自誠先生簡稱鄭氏。
〔註27〕 詳見張學智：《明代哲學史》（北京：北京大學出版社，2003年6月，初版二
　　　　刷），頁1。以下文中張學智先生簡稱張氏。
〔註28〕 同註3，頁1。《明代哲學史》亦引曹端此文，然其所錄出之末句為「聖作一
　　　　無為而已」，其中「無為」當是「天為」之誤。《明代哲學史》所錄之引文同
　　　　註27，頁1～2。
〔註29〕 同註3，頁1。
〔註30〕 同註27，頁2。

盾，實則是一貫的。朱熹談到理的動靜問題時，有兩個說法，「一是指太極或理包含動之理或靜之理。動靜之理是氣之動靜的根據。二是表現於氣之上的理隨氣之動靜而動靜」，而曹端〈辨戾〉雖提出其所謂朱熹矛盾之處，但另一方面仍舊認為朱熹對「太極」的解釋符合周敦頤原意，實則曹端並未區分周朱兩家之異。〔註31〕總歸曹端之所以作〈辨戾〉，意在凸出太極「為形上根據、為形下之動靜的所以然」，但曹端《太極圖說述解》仍以朱熹的觀點為準則，有些文字甚至直接套用朱熹註語。因此，《明代哲學史》最後下了一條中肯的結語：「誇大曹端與朱熹思想的相異之處，是不適當的。」〔註32〕正是這個道理。

第二節　關於曹端心性論的探討

一、論　心

曹端理學中帶有心學色彩，這點在論述其事心之學時便一目瞭然。本文以為，即便帶有心學色彩，曹端的思想仍然與陸王心學有所分別，下面來看兩位學者對曹端理學中「論心」的意見。

容肇祖先生在《中國歷代思想史・明代卷》裡對於曹端的理學思想乃以介紹為主。須要注意的是，容肇祖先生認為曹端思想中的太極、理、心、性四者乃「同作為宇宙的本體而存在」。〔註33〕容氏云：

> 他說：太極是天道的本原，由太極的動靜而產生陰陽二氣、五行，進而化生萬物，所以「太極」「無不各具於一物之中」，即「物物有一太極」。人得靈秀之氣而生，其心能秉太極之全，故「人心即太極」，即「人人有一太極」。〔註34〕

這段引文中的「他」指曹端。容氏所據之而論者，應是曹端《太極圖說述解》中的這兩段：

> 自萬物而觀之，則萬物各一其性，而萬物一太極也。蓋合而言之，

〔註31〕同註27，頁3～4。

〔註32〕同註27，頁5。

〔註33〕詳見容肇祖：《中國歷代思想史・明代卷》（臺北：文津出版社，1993年12月），冊5，頁44。以下文中容肇祖先生簡稱容氏。

〔註34〕同註33。

> 萬物統體一太極也；分而言之，一物各具一太極也。所謂天下無性
> 外之物，而性無不在者，於此尤可見其全矣。

> 雖曰人物之生，莫不有太極之道焉，然陰陽五行氣質交運，而人之
> 所稟，獨得其秀，故其心為最靈，而有以不失其性之全，所謂天地
> 之心而人之極也。〔註35〕

這兩段文字都源於朱熹的註語，〔註36〕當然既經曹端採用，說是曹端之意也無
不可，然則朱熹便應該如同容氏所言亦有「人心即太極」的思想，如此一來，
就是要朱熹認同「心即理」，這樣明顯就有問題了。首先看容氏說曹端認為「太
極無不各具於一物之中」，即「物物有一太極」，這是不錯的；接著看「人人有
一太極」，人也是形下之氣所化生者，當屬於萬物之中，故此說也沒錯，而「人
心即太極」若照字面上的意思直看，那就有再商榷的餘地。心只是「能秉太極
之全」，非直是太極。周敦頤原句為「二氣交感，化生萬物，萬物生生而變化無
窮焉，惟人也，得其秀而最靈。」〔註37〕這裡說的「得其秀而最靈」，意思說人
所稟受的太極是在萬物中最全、最秀實的，而不是說人心就是太極，且註語說
人心「有以不失其性之全，所謂天地之心而人之極也」，這也是在與萬物比較的
情形下而言的。是則按原文整體的意思來看，「人心即太極」指的是人心可以稟
受太極之全、從而立人極與天地同。當然，這是成聖以後的事，但人人都有成
聖的可能、人心亦都有稟承太極之全的能力。如果容氏有注意到曹端據朱熹之
言而述解的後文，當不會有如此誤會，下看曹端述解的後文：

> 然人之形質，既生於陰靜，則人之精神，必發於陽動。於是五常之
> 性感物而動，而陽善陰惡又以類分。而五性之殊散為萬事，蓋二氣
> 五行化生萬物。其在眾人，雖曰具動靜之理，而常失之於動者又如
> 此。自非聖人全體太極有以定之，則欲動情勝，利害相攻，人極不
> 立，而違禽獸不遠矣。〔註38〕

即使「人得靈秀之氣而生，其心能秉太極之全」，但仍是二氣五行所化生，

〔註35〕此條與上一條引文同註3，頁16。

〔註36〕朱熹原來的註語詳見（宋）周敦頤：《周元公集》（臺北：臺灣商務印書館股
份有限公司，1985年9月，《景印文淵閣四庫全書》本，集部四○，別集類，
冊1101），卷1，頁4下～5上。

〔註37〕同註3，頁15～16。「人心即太極」可見於頁8，乃是「則所謂人極者，於是
乎在矣」後面的夾注。

〔註38〕同註3，頁16～17。

因此會有「五常之性感物而動，而陽善陰惡又以類分」，倘若「欲動情勝，利害相攻」之時，顯然人心不會等同於全善的宇宙本體。或者可以說人稟受太極而「得其秀之秀者」，〔註39〕能「全動靜之德」，〔註40〕便可以立「人極」，這樣的人我們稱之為聖人。曹端述解之文所蘊含的意思，並不是說人心等同於太極，而是要人修身進德，以達聖人的境界，當然，以此為朱熹的意思也不會有問題。

再回到開頭所說，容氏原先的認知便不妥。曹端思想中的「太極」、「理」、「性」，這三個字詞才是以形上至善本體視之的；至於「心」的意涵，儘管曹端理學思想中確實有心學的影子，「心」自是被曹端所重視，但是曹端是著重在心的修養，也就是他提出的事心之學，即修身進德的工夫論。因此，若將曹端論心的觀點，視為其認知的形上至善本體，那是不相應的。

另一位學者林繼平先生，在其著《明學探微》中，論及曹端的理學思想時，行文有一特點，便是將曹端語錄中關於「心」的言論拉至陸九淵心學的範疇。〔註41〕本文以為曹端語錄所顯露者，並不能代表其完整的理學思想，應當與曹端其他著作一併而探才是，且曹端理學思想固然有部分心學的意味，但也不能偏重於此而輕於其直承朱學之處。

曹端云：「人之所以可與天地參為三才者，惟在此心，非是軀殼中一塊血氣。」〔註42〕林氏認為曹端這裡說的「此心」，同於陸九淵所謂的「理」：

> 象山說：「此理充塞宇宙。」……月川用「此心」，其心字意義，亦
> 與「此理」同，故就顯發吾人潛藏心性深處的形上本體之量而言，
> 確可與天地並立為三，居於同等地位。〔註43〕

本文以為，曹端言修此心可以立人極，意指成聖可與天地並立，然此心是人所以稟受太極者，是成聖的下工夫處，即便有如聖人之心能「全動靜之德」，〔註44〕仍不足以獨視其「心」必為陸九淵的「此理」。林氏接著又舉曹端之言：

〔註39〕同註3，頁17。
〔註40〕同註3，頁17。
〔註41〕詳見林繼平：《明學探微》（臺北：臺灣商務印書館股份有限公司，1984年12月），頁10～15。以下文中林繼平先生簡稱林氏。
〔註42〕同註3，《曹端集·曹月川先生錄粹》，頁239。
〔註43〕同註41，頁11。
〔註44〕同註3，頁17。

天地間凡有形象、聲氣、方所者，皆不甚大。惟理則無形象之可見，無聲氣之可聞，無方所之可指，而實充塞天地，貫徹古今，大孰加焉？故周子言「無極而太極」。〔註45〕

林氏對這段話的解釋是：

理既無形象可見，又能充塞天地，貫徹古今……難道不是象山的此理嗎？而此理與上述此心同義，在此亦可證明。不僅心、理同義，即周濂溪的太極觀念，亦與此同義。〔註46〕

曹端謂理「無形象之可見，無聲氣之可聞，無方所之可指」，是來自於朱熹所言：

周子所以謂之無極，正以其無方所、無形狀，以爲在無物之前，而未嘗不立於有物之後；以爲在陰陽之外，而未嘗不行乎陰陽之中；以爲通貫全體，無乎不在，則又初無聲臭影響之可言也。〔註47〕

曹端所稱「充塞天地，貫徹古今」，實則便是朱熹所謂「通貫全體，無乎不在」之意。朱陸之間本有異同，而朱熹將「太極」解釋爲理，亦不符合周敦頤原意。〔註48〕林氏在此僅從心學的角度觀察，不但將曹端所上承朱熹的思想拉至陸學之處，還把周敦頤的「太極」觀念也一併視同陸九淵所言之「心」，如此確有可再商量的餘地。

二、論 性

接下來注意到學者對於曹端論性的意見。《宋明理學史》舉曹端《太極圖說述解》言：

自萬物而觀之，則萬物各一其性，而萬物一太極也，蓋合而言之，萬物統體一太極也；分而言之，一物各具一太極也，所謂天下無性外之物，而性無不在者，於此尤可見其全矣。〔註49〕

《宋明理學史》認爲曹端這段話所提的「性」，是「雜乎形氣的性」，「而非

〔註45〕 同註3，《曹端集・曹月川先生錄粹》，頁239。
〔註46〕 同註41，頁11。
〔註47〕 同註21，卷52，頁52上～52下。
〔註48〕 周敦頤《通書》云：「禮，理也。」同註3，《曹端集・通書述解》，卷2，頁57。
〔註49〕 同註3，頁16。《宋明理學史》引此文於同註18，頁113，其所錄出之版本首句爲「自萬物觀之」、第七句爲「一物具一太極也」，末句爲「於此尤可見矣」，應屬缺字之誤。

本然的"至善"之性」。〔註 50〕本文在這裡補充一點，實際上曹端《太極圖說述解》中的這段文字是直接套用朱熹的話，〔註 51〕《太極圖說述解》本來就是曹端「大書周說而分布朱解」〔註 52〕之作。接著看朱熹註解周敦頤〈太極圖說〉的另一段文字：

> 天下豈有性外之物哉？然五行之生，隨其氣質而所稟不同，所謂各
> 一其性也。各一其性，則渾然太極之全體無不各具於一物之中，而
> 性之無所不在又可見矣。〔註 53〕

「五行之生，隨其氣質而所稟不同，所謂各一其性也」明顯說的是「氣稟之性」、是「雜乎形氣的性」，後面朱熹且自言「渾然太極之全體無不各具於一物之中」，此不正與「一物各具一太極」互為表裡！

《宋明理學史》又舉出程朱的「性」有兩種涵義，〔註 54〕一種是「雜乎形氣之性」，即「氣稟之性」或稱「氣質之性」，另一種則是「天命之性」，再謂曹端不但混淆了這兩種「性」，還出現另一個問題：

> 曹端不僅混淆了性字的兩種涵義，而且認為除了流於形氣的氣質之
> 性以外，沒有別的性，這就是他說的"氣質之性，只是那四端底性，
> 非別有一種性也"（《通書述解》）。〔註 55〕

關於上面這條引文，本文要為曹端提出兩點說明，第一點，曹端並非只承認有「氣質之性」，看其《通書述解》：

> 性只是理，然無那天氣、地質，則此理沒安頓處，但得氣之清明，
> 則不蔽固。此理順發出來，蔽固少者發出來，天理勝；蔽固多者則
> 私欲勝，便見得本源之性無有不善，只被氣質昏濁則隔了，學以反
> 之，則天地之性存矣。故說性須兼氣質方備。〔註 56〕

這裡提到了「本源之性無有不善」、「天地之性存矣」，可知曹端並非只承認有「氣質之性」，並且這段文字很有條理的說明在「雜乎形氣之性」中，那些蔽固多以至於私欲勝者，乃是因為本源之性「被氣質昏濁則隔了」。事實

〔註 50〕同註 18，頁 113。
〔註 51〕同註 36，頁 4 下。
〔註 52〕同註 3，頁 3。
〔註 53〕同註 36，頁 3 下。
〔註 54〕同註 18，頁 113。
〔註 55〕同註 18，頁 114。
〔註 56〕同註 3，《曹端集‧通書述解》，卷 2，頁 43。

上曹端這段文字，也是從朱熹處而來，曹端既然採信朱熹所言，則以之加諸曹端身上亦無不可。下面舉朱熹的原文為證：

> 性只是理，然無那天氣、地質，則此理沒安頓處，但得氣之清明，則不蔽錮。此理順發出來，蔽錮少者發出來，天理勝，蔽錮多者則私欲勝，便見得本原之性無有不善。孟子所謂性善，周子所謂純粹至善，程子所謂性之本，與夫反本窮源之性是也，只被氣質有昏濁則隔了，故氣質之性君子有弗性者焉，學以反之，則天地之性存矣。故說性須兼氣質說方備。〔註57〕

除了引文後段朱熹所述較多，引文前段曹端也幾乎原句錄自朱熹所云。第二點，《宋明理學史》為證曹端只承認有「氣質之性」，所引用的曹端語「氣質之性，只是那四端底性，非別有一種性也」，這也是來自於朱熹：

> 濂溪說性者，剛、柔、善、惡、中而已矣，濂溪說性只是此五者，他又自有說仁、義、禮、智底性時。若論氣稟之性，則不出此五者，然氣稟底性，便是那四端底性，非別有一種性也。〔註58〕

明顯可以看出來，朱熹這段文字的確是曹端所據者，那麼若照《宋明理學史》的說法，朱熹是否只承認「氣質之性」呢？答案當然是否定的，朱熹說「氣稟之性」的範圍不出「剛、柔、善、惡、中」此五者，不過「氣稟之性」就是蘊含「仁、義、禮、智」四端的性，而非另外有一種性。這是什麼意思呢？何以「氣稟底性，便是那四端底性」？若是，則蘊含「仁、義、禮、智」四端的性不是也有雜乎「惡」、雜乎蔽固與私欲的可能嗎？《河南程氏遺書》可為此解答：

> 「生之謂性」，性即氣，氣即性，生之謂也。人生氣稟，理有善惡，然不是性中元有此兩物相對而生也。有自幼而善，有自幼而惡，是氣稟有然也。善固性也，然惡亦不可不謂之性也。蓋「生之謂性」、「人生而靜」以上不容說，才說性時，便已不是性也。凡人說性，只是說「繼之者善」也，孟子言人性善是也。夫所謂「繼之者善」也者，猶水流而就下也，皆水也，有流而至海，終無所污，此何煩人力之為也？有流而未遠，固已漸濁；有出而甚遠，方有所濁。有濁之多者，有濁

〔註57〕同註21，卷43，頁3上。這裡說的「本原之性」，與《曹端集・通書述解》的「本源之性」，僅是用字的不同罷了。

〔註58〕同註21，卷43，頁18上。

之少者。清濁雖不同，然不可以濁者不爲水也。如此，則人不可不
加澄治之功。故用力敏勇則疾清，用力緩怠則遲清，及其清也，則却
只是元初水也，亦不是將清來換却濁，亦不是取出濁來置在一隅也。
水之清，則性善之謂也，故不是善與惡在性中爲兩物相對、各自出來。
此理，天命也。順而循之，則道也。〔註59〕

從這條引文可以知道，曹端言性，兼氣質而論，乃源於程朱。程朱的「性即
理」，是本然全善的、即蘊含「仁、義、禮、智」四端的天命之性，但參與
了形下之氣質流行變化，因氣質有不同，故而產生了善惡的分別，如同水有
清濁。然而即便是惡，仍舊還是性，只不過不是當初那個本然全善的性，是
以「才說性時，便已不是性也」，而已雜乎形下氣質的性就需要加以澄治，
以求回復到最初本然全善的天命之性。有了《河南程氏遺書》這段文字，就
能夠說明「性即理」在曹端理學中，並非將「氣稟之性」與「天命之性」全
然混淆在一起，而是在論「天命之性」的同時，兼論了氣質帶來的變化而有
所謂「氣稟之性」。

　　另外，前文提過的張學智《明代哲學史》，其中亦有對曹端論性的看法。
張氏認爲曹端論性乃是上承於張載、程頤、與朱熹之說。周敦頤《通書》云：
「性者，剛、柔、善、惡、中而已矣。」〔註60〕曹端在此處的述解加入程朱
「性即理」的觀念，〔註61〕是以有「天地之性」與「氣質之性」的對舉。前
面《宋明理學史》提過「天命之性」與「氣稟之性」，而張氏在此處則謂四
端的性爲「天地之性」；「剛、柔、善、惡、中」爲「氣質之性」。〔註62〕無
論是「天地之性」與「氣質之性」、或「天命之性」與「氣稟之性」，彼此名
稱雖有些微差異，然意義並沒有不同。總的說來，曹端論性「沿襲舊說者多，
自創新義者少，其重篤實躬行而輕理論發揮的形象甚爲鮮明。」〔註63〕張氏
這樣的敘述是極爲客觀的。

〔註59〕同註8，卷1，頁10～11。此卷卷首註明爲「二先生語」，該條未註記是程顥
　　　　或程頤所言。
〔註60〕包含曹端的述解，詳見同註3，《曹端集·通書述解》，卷2，頁42～43。
〔註61〕同註27，頁7。
〔註62〕同註27，頁8。
〔註63〕同註27，頁8。

第三節 關於曹端工夫論的探討

林繼平《明學探微》是早年討論曹端工夫論涉及較多的論著，在此議題上，如他對曹端論心的意見一般，也是從心學的立場來探討。曹端云：「事事都於心上做工夫，是入孔門的大路」，〔註64〕林氏如此解釋：

> 先強調個人內心的修養，正是象山「發明本心」的初步工夫，也是
> 此後陽明「悟得良知」的緊要工夫。……循著此項工夫長期磨鍊下
> 去，既可「見道」——象山的心本體、陽明的良知本體之湧現，目
> 前呈現一片光明的世界。這就是周濂溪的「太極」的內蘊。故語錄
> 又云：「學欲至乎聖人之道，須從太極上立根腳。」我們以後儒疏證
> 的方法，便不至於誤解濂溪太極的本義了。〔註65〕

前面說過，朱熹以至於曹端，對「太極」的解釋並不符合周敦頤原意，林氏固以「後儒疏證的方法」為據，則「誤解濂溪太極的本義」更是難以避免的了。林氏在此處指出曹端事心的工夫論與心學的關係，這是不錯的，然而謂此事心之工夫最後能證得「象山的心本體」、「陽明的良知本體」，甚至說此即是周敦頤「太極的內蘊」，則仍是客觀不足，且林氏於此處並未觀察到曹端工夫論中的「誠」與「敬」，偏偏這正好是與程朱理學關係密切的。

林氏雖然也並非將曹端理學思想全然套進心學之中，〔註66〕但是曹端理學中重要的觀念如「心」、「太極」等，都被林氏拉進心學的範圍內，這樣的說法固然失之公允，不過從另一方面來看，這也表示在明初「述朱」的眾多學者裡頭，曹端理學思想確實帶有鮮明的心學色彩於其中。

接著看陳來《宋明理學（第二版）》對曹端工夫論的研究。《明儒學案》謂曹端「立基於敬，體驗於無欲」，〔註67〕觀其《錄粹》三條：

> 學者須要置身在法度之中，一毫不可放肆，故曰「禮樂不可斯須去
> 身」。
>
> 吾輩做事，件件不離一「敬」字，自無大差失。
>
> 一誠足以消萬偽，一敬足以敵千邪，所謂「先立乎其大者」，莫切於

〔註64〕同註3，《曹端集・曹月川先生錄粹》，頁239。

〔註65〕同註41，頁14。

〔註66〕同註41，第14頁後段說：「此外，我們再看到月川對本體的推衍解釋，形成理學中的宇宙論，此乃程朱派思想的一大特色。」

〔註67〕同註1，頁2上。

此。〔註68〕

陳氏認爲，曹端說敬，「主要是指時常警惕人欲的干擾，時時以道德規範約束自己」，〔註69〕而「靜」並不等於「敬」。曹端認爲「敬」自然得「靜」，「不是不動便是靜，不妄動方是靜。」〔註70〕是以陳氏謂曹端不贊成主靜工夫，這樣的主張，乃是「繼承了程頤以外無妄動、內無妄思爲敬和敬則自然靜的思想」，〔註71〕這是很有見地的。

　　《宋明理學史》與李淑芬先生的《明儒論學宗旨述要》也談到一些曹端的工夫論。《宋明理學史》認爲，曹端重視「預養」的工夫，曹端云：

　　　本心一也，已發在於擴充，未發在於預養，心得其養而擴充焉，即

　　致中和之謂也，則天地位而萬物育者，不言可知。〔註72〕

心之未發在預養，則預養的工夫爲何？是「誠」與「敬」。「誠」爲心中所固有，而《宋明理學史》認爲曹端的「敬」不同於朱熹的「居敬」、「持敬」，前者偏於內省，後者強調由外及內。〔註73〕本文以爲兩者之分別僅在於工夫的進路方向不同，實則最後內外的敬沒有分別。李淑芬先生《明儒論學宗旨述要》則先指出「事心」爲曹端的入道之途，〔註74〕再於該論點下細分三目，一是主靜、無欲，二是持敬，三是誠，李氏以這三目爲曹端「事心」的工夫。本文認爲「主靜、無欲」可併在「持敬」裡談，《明儒學案》且謂曹端「立基於敬」，〔註75〕心果能「持敬」，便自然能「靜」。曹端說：

　　　學者須要識得「靜」字分曉，不是不動便是靜，不妄動方是靜，故

　　曰「無欲而靜」。到此地位，靜固靜也，動亦靜也。〔註76〕

無論「動」於「不動」，只要達到「不妄」，便都是「靜」。既以「不妄」爲靜，則「不妄」從何而起？答案即此條所說的「無欲」，更準確一點的說，也就是孟子所云「寡欲」之意。是以寡欲則不妄，不妄則得靜，而這一切的前提還

〔註68〕此條與上兩條引文同註3，《曹端集・曹月川先生錄粹》，卷7，頁240。

〔註69〕同註7。

〔註70〕同註3，《曹端集・曹月川先生錄粹》，卷7，頁240。

〔註71〕同註7。

〔註72〕同註3，《曹端集・曹月川先生語錄》，卷6，頁213。

〔註73〕同註18，頁115～116。

〔註74〕詳見李淑芬：《明儒論學宗旨述要》（臺北：國立臺灣師範大學國文研究所碩士論文，1995年5月），頁34。以下文中李淑芬先生簡稱李氏。

〔註75〕同註1，頁2上。

〔註76〕同註3，《曹端集・曹月川先生錄粹》，卷7，頁240。

要在心的「持敬」工夫下說。

從前面的論述看來，各家對曹端工夫論的意見，大多圍繞著「誠」、「敬」立說，最後要提到的張學智《明代哲學史》亦如此，但值得一提的是，張氏在「敬」的內容上指出了充實此議題的可能性。張氏說：「誠、與理一是曹端的修養目標，其入路則在敬」，又謂：「曹端提出一"勤"字，作為聖人工夫的根本特點。其實"勤"字就是敬。」〔註77〕關於張氏提到的「勤」，曹端所述原文為：

> 聖人之所以為聖人，只是這憂勤惕勵的心須臾毫忽不敢自逸。理無定在，惟勤則常存。心本活物，惟勤則不死。常人不能憂勤惕勵，故人欲肆而天理亡，身雖存而心已死，豈不大可哀哉？〔註78〕

一般而言，學者們研究曹端事心之學都著重在「誠」與「敬」，而《明代哲學史》這個看法則又拓寬了曹端工夫論的內涵。關於此部分已在本文第三章第三節「事心之學」做過分析，〔註79〕於此不再重覆。

第四節　關於曹端影響後學的探討

錢穆先生很早就指出薛瑄之學脈乃從曹端而來，〈明初朱子學流衍考〉云：

> 月川此篇一本朱子理氣之說以釋濂溪之〈圖說〉，其明晰之辨，自來論太極者無出其右。敬軒之尊濂溪，其學脈顯從月川來。又按：月川此序，先說康節，又及朱子《易圖說》、《啟蒙》之書。敬軒《讀書錄》兼論康節、濂溪，是亦承自月川也。其尊成書於《語錄》，亦一本之月川。〔註80〕

引文中的「月川此篇」、「月川此序」，指的是曹端〈太極圖說述解序〉一文。曹端在該文中以朱熹的理氣說為立論根基，自言《太極圖說述解》此作乃「大書周說而分布朱解，倘朱解之中有未易曉者，輒以所聞釋之，名曰述解」，〔註81〕

〔註77〕同註27，頁9。
〔註78〕同註3，《曹端集・曹月川先生錄粹》，卷7，頁241。
〔註79〕詳見本文第三章第三節「事心之學」，頁52。
〔註80〕同註4，頁38。
〔註81〕同註3，頁3。此為〈太極圖說述解序〉中語，就筆者觀之，曹端的《通書述解》，亦可稱之「大書周說而分布朱解」。

錢穆先生尊其為自古以來論太極之最明晰者。曹端要述解〈太極圖說〉，必先釋太極，欲先釋太極，則不得不從伏羲畫八卦談起，故曹端在此序中便提到《易》之流傳：

> 噫！自木鐸聲消，儒者所傳周經、孔傳之文，而羲圖無傳，遂為異派竊之而用於他術焉。至宋邵康節，始克收舊物而新其說，以闡其微。及朱子出，而為《易圖說》、《啟蒙》之書，則羲《易》有傳矣。〔註82〕

曹端在這裡先提邵雍，錢穆先生認為薛瑄《讀書錄》兼論邵雍與周敦頤便是受曹端影響。曹端在此序又云：

> 至於《語錄》，或出講究未定之前，或出應答倉卒之際，百得之中不無一失，非朱子之成書也。近世儒者多不之講，間有講焉，非舍朱說而用他說，則信《語錄》而疑註解，所謂棄良玉而取頑石，撥碎鐵而擲成器，良可惜也。〔註83〕

由此可知曹端信朱熹之註解甚於語錄，錢穆先生認為薛瑄在這一點上亦受曹端影響，〔註84〕薛瑄《讀書錄》有言：

> 讀朱子《語錄》不若讀《易本義》、《四書集註》、《章句》、《或問》諸手筆之書為定論。有餘力則參考語錄之類可也。〔註85〕

再者，曹端以月川喻太極圖旨，其弟子謝琚稱之「以在天之月喻萬殊之原於一本，以映水之月喻一理之散為萬殊。」〔註86〕黃宗羲言：「薛文清有日光飛鳥之喻，一時之言理氣者，大略相同耳。」〔註87〕錢穆先生則明白指出，薛瑄的「日光飛鳥」之喻是由曹端的「月川」之喻而來。薛瑄云：

> 理如日光，氣如飛鳥。理乘氣機而動，如日光載鳥背而飛。鳥飛而日光雖不離其背，實未嘗與之俱往而有間斷之處。亦猶氣動而理雖未嘗與之暫離，實未嘗與之俱盡而有滅息之時。氣有聚散，理無聚散，於此可見。〔註88〕

〔註82〕同註3，頁2。
〔註83〕同註3，頁3。
〔註84〕同註4，頁38。
〔註85〕詳見（明）薛瑄：《讀書錄》（臺北：臺灣商務印書館股份有限公司，1985年2月，《景印文淵閣四庫全書》本，子部十七，儒家類，冊711），卷1，頁23下。
〔註86〕同註3，《曹端集·頌贊·諸儒評論》，附錄三，頁337。
〔註87〕同註1，頁3下。
〔註88〕同註85，卷5，頁11上。

薛瑄以「日光飛鳥」喻理氣，確如曹端以「月川」喻太極圖旨一般，皆明一理爲形上之本體，散爲形下而成萬殊，也就是「理一分殊」的觀念。最後錢穆先生提到，曹端與薛瑄兩人所學皆平實，然而所悟皆圓通，曹端言「性無不在」，薛瑄云「此心惟覺性天通」，二說皆達到性與天道相貫通的境界，且兩人「力主於踐履，而歸本之於一心」，以此較之陸王言心，顯然曹薛二人平實深允得多。〔註89〕

與錢穆先生的焦點相同，在曹端影響後學這方面，苗潤田先生的《中國儒學史・明清卷》也以薛瑄爲論，其舉薛瑄《讀書錄》言：

> 動靜雖屬陰陽，而所以能動靜者，實太極爲之也。使太極無動靜，
> 則爲枯寂無用之物，又焉能爲造化之樞紐、品彙之根柢乎？以是觀
> 之，則太極能動靜也，明矣。〔註90〕

苗氏以此說爲薛瑄受曹端影響之證據，且薛瑄亦認同其「太極自會動靜」的觀點。此段引文是苗氏《中國儒學史・明清卷》所錄出者，而本文所見《景印文淵閣四庫全書》本的《讀書錄》，與苗氏所錄出者有幾字出入：

> 動靜雖屬陰陽，而所以能動靜者，實太極爲之也。使太極無動靜，
> 則爲枯寂無用之物，又焉能爲造化之樞紐、品彙之根柢乎？以是而
> 觀，則太極能爲動靜也，明矣。〔註91〕

「以是而觀」與「以是觀之」意義相同不必深究，而最後的「太極能動靜」與「太極能爲動靜」雖僅差一「爲」字，本文卻以爲值得探討。照苗氏所錄出的引文，「太極能動靜」則指太極自身能動靜，但如此便與首句「動靜雖屬陰陽」相背；而按照《景印文淵閣四庫全書》本的《讀書錄》，「太極能爲動靜」可以解釋爲「太極能爲動靜之所以然」，亦即程頤「所以一陰一陽，道也」〔註92〕的觀念，太極本身不動靜，動靜的只是氣。是故，若以《景印文淵閣四庫全書》本所錄「太極能爲動靜」爲薛瑄原文，則合首三句「動

〔註89〕 同註4，頁43～44。曹端言「性無不在」之出處，同註3，《曹端集・曹月川先生錄粹・存疑錄序》，頁249。薛瑄言「此心惟覺性天通」之出處，詳見（明）薛瑄：《敬軒文集》（臺北：臺灣商務印書館股份有限公司，1985年12月，《景印文淵閣四庫全書》本，集部一八二，別集類，冊1243），卷5，頁31上。

〔註90〕 該引文爲苗潤田先生所錄，詳見苗潤田：《中國儒學史・明清卷》（廣州：廣東教育出版社，1998年6月），頁29。苗潤田先生於書中未說明其所用薛瑄《讀書錄》之版本爲何。以下文中苗潤田先生簡稱苗氏。

〔註91〕 同註85，卷9，頁16上。

〔註92〕 同註4。

靜雖屬陰陽，而所以能動靜者，實太極爲之也」來看，便一致指出動靜的是
陰陽，而陰陽所以能動靜，乃太極所爲，則第四句「使太極無動靜」，亦可
順勢解爲「假使太極無動靜之妙」，如此前後便無相牴。再引《景印文淵閣
四庫全書》本《讀書錄》的記載：

> 動靜雖屬陰陽，而所以能動靜者，則太極之所爲也。如寂感雖屬人
> 心，而所以能寂感，則性之所爲也。〔註93〕

在這條引文中，動靜者在前，所以能爲動靜者在後；又如寂感者在前，所以
能爲寂感者在後。此雖亦錄自《景印文淵閣四庫全書》本，但語句既然這樣
排列，其義便不是增減一個「爲」字所能左右的，則薛瑄之本意明矣。

在薛瑄之外，苗氏還略述了《明儒學案》對〈辨戾〉的看法，其謂黃宗
義的評論解決了「理氣是一」的問題。黃宗羲把實體的氣與氣之運動規律統
一起來，這樣的論點來自於他對〈辨戾〉的批判性思考，也算是從側面反映
了曹端此說在清儒身上的影響力。〔註94〕

前面兩位學者論曹端的影響，乃以薛瑄爲主要對象，這是直接以人物爲
探討方向；跟著要談的鄭自誠《明代前期理學思潮研究》，其論曹端影響則是
從「理一分殊」的議題下手。鄭氏說：

> 我們看月川對於「理一分殊」的體會，和精確的掌握其要旨，《學案》
> 所說「未嘗反身理會，推求至隱」恐怕不是妥當的批評。月川在朱子
> 理學中，特別提出理一分殊的觀念，其後明儒在綰合天人，論修養工
> 夫時，往往由理一分殊的角度立論，河東薛敬軒受其影響，同樣以水、
> 月爲喻來討論「理一分殊」，羅整菴以「理一分殊」爲其學問的重要
> 觀念，均可見出朱子理論中「理一分殊」對明儒的影響。〔註95〕

在這段文字中，鄭氏肯定了曹端掌握「理一分殊」的要旨，同時也對《明儒
學案》的批評提出質疑。此外，鄭氏還指出曹端關注「理一分殊」所帶來的
牽動力，即其後學者如薛瑄、羅欽順二人，在他們的理學思想中，「理一分殊」
也成爲一個重要觀念。

本節的最後，要看到《宋明理學史》的意見。《宋明理學史》對曹端影響
後學的部分，提到一些關鍵點。其謂薛瑄理氣論乃直接受曹端影響，而羅欽

〔註93〕同註85，卷7，頁30上。
〔註94〕同註90，頁30。
〔註95〕同註26，頁12。

順（1465～1547）、王廷相（1474～1544）二人雖離曹端（1376～1434）年代
已遠，〔註96〕但是他們「相繼把朱熹理本氣末的關係幾乎顛倒過來了，越出
了朱學的範圍」，〔註97〕其遠緒實可推至曹端處。《宋明理學史》指出這樣的
脈絡，有助於學者探討曹端理學對明代後儒的影響。

第五節　關於孔顏樂處及其他議題的探討

　　對於曹端「孔顏樂處」此議題的探討，學者們所用篇幅多半短小，是以
本節將之與其他篇幅亦不大的議題編次在一起。

一、孔顏樂處

　　曹端論「孔顏樂處」說道：

> 今端竊謂孔顏之樂者，仁也，非是樂這仁，仁中自有其樂耳。且孔
> 子安仁而樂在其中，顏子不違仁而不改其樂。安仁者，天然自有之
> 仁；而樂在其中者，天然自有之樂也。不違仁者，守之之仁；而不
> 改其樂者，守之之樂也。《語》曰：「仁者不憂」，不憂，非樂而何？
> 周、程、朱子不直說破，欲學者自得之。愚見學者鮮自得之，故爲
> 來學說破。〔註98〕

首先看陳來《宋明理學（第二版）》的意見。陳氏認爲曹端明言的「樂」，並
非以「仁」爲對象、爲目標而去追求的，乃是達到「仁」的境地之後，自然
便具有的狀態。換言之，「樂」不是求來的，「不是儒者精神發展的目的」，
〔註99〕乃是一個仁人自然而然的精神境界、心理狀態。曹端這樣地堅持「仁」
境，陳氏稱其爲「符合儒學傳統」。〔註100〕

　　同樣持肯定態度的還有《宋明理學史》與苗潤田《中國儒學史・明清卷》。
苗氏認爲曹端的力行與事心之學，便是探得「孔顏樂處」的爲仁之功；〔註101〕

〔註96〕曹端是明代初期的理學家，羅欽順和王廷相都是明代中期以後的人物了。
〔註97〕同註18，頁112。
〔註98〕同註3，《曹端集・通書述解・顏子第二十三》，卷2，頁79。關於此文的論述，
　　　　詳見本文第三章第二節「孔顏樂處」。
〔註99〕同註7，頁172。
〔註100〕同註7，頁173。
〔註101〕同註90，頁31～32。

《宋明理學史》則謂：

> 曹端說孔、顏之樂，就在於獲得"己與天地萬物爲一體"的這種精
> 神境界當中，對其自身處境能"裕如"處之，無憂患之心。這就是
> 他所說的"不憂，非樂而何"的意思。〔註102〕

《宋明理學史》認爲，曹端直接說破「孔顏樂處」，爲的是讓「孔顏樂處」這
個議題更具現實意義，〔註103〕本文以爲這就是曹端務實的學術性格之展現。

　　張學智《明代哲學史》注意到曹端用來說破「孔顏樂處」的「仁」字，
乃是自二程與朱熹處來，而此仁「不僅是仁義禮智四德中的一德，而且是全
德，仁賅仁義禮智。仁義禮智可以說是仁的不同表現」。〔註104〕張氏還指出，
曹端基本的修養方向雖是上接於程朱，但是朱熹的「格物窮理」並不在曹端
學說內。張氏認爲曹端的求仁方法是「直接以體證仁體，居敬涵養爲本」，
〔註105〕這種由內而外的體仁，明顯與朱熹「格物窮理」、由外而內的工夫入
路不同。

　　在此議題的最後，來看一條不同的意見，祝平次《朱子學與明初理學的
發展》謂：「開理學傳統之濂溪的名言『求孔顏樂處』，也被月川以『仁』字
活活打死。」〔註106〕祝氏對曹端用「仁」字說破「孔顏樂處」，所下評語爲「活
活打死」，這裡面隱約含有貶義，可惜祝氏未再進一步論述。不過從他的用詞
看來，至少可以知道祝氏不贊成曹端說破「孔顏樂處」。

二、其他議題的討論

　　下面要進行的部分，是本文在辨析前賢研究時，於本章上述各議題之外，
所發現值得關注與再討論者。對象分別是鄭自誠《明代前期理學思潮研究》
提到曹端的「義理教育」、李淑芬《明儒論學宗旨述要》所言影響曹端者、以
及祝平次《朱子學與明初理學的發展》對曹端的論斷。

　　首先看鄭氏《明代前期理學思潮研究》，其第二章第一節裡面的「由月川
之教學看其篤踐履的精神」，論曹端篤守義理：

> 月川爲教以義理爲根本。他重視孝道，及家庭對子弟的教育，並且

〔註102〕同註18，頁117。
〔註103〕同註18，頁118。
〔註104〕同註27，頁10。
〔註105〕同註27，頁11。
〔註106〕同註10，頁128。

　　　不是只側重在掃撒應對進退的小學之教，而是強調家庭對子弟的義
　　　理教育。他著有《家規輯略》，在這兩方面都有具體的意見。他認為
　　　傳家應立善為本，以教子孫，注意子孫所學是否合乎道義，而子孫
　　　則以仁義及孝道事親。〔註107〕

鄭氏所論，說明曹端之學並非空學，而是能夠落實於生活與教育層面，鄭氏
還特別指出曹端「為教以義理為根本」，可說是注意到多數學者們所未關注的
部分。同時，這段文字提示學者在處理曹端理學的實踐部分，可以從其著述
中有關「義理教育」的觀念裡尋求例証，本文第四章第二節「義理之教」也
因此有了肇端。

　　接著是李氏《明儒論學宗旨述要》的部分。一般而言，學者視曹端為程
朱之後學，其中又以朱熹影響曹端為甚，但李氏再提出了另一種看法，她認
為曹端兩篇重要著作《太極圖說述解》與《通書述解》，其所述解之原作乃周
敦頤所著，是以「可知其受周敦頤影響甚深。」〔註108〕毫無疑問的，曹端理
學確實有受周敦頤影響，然而這兩篇述解卻是曹端「大書周說而分布朱解」
之作，李氏在註解中又引用錢穆先生所言「而月川、敬軒則從朱子上窺濂溪、
康節、橫渠，應與程朱正傳有不同」〔註109〕以為佐證；此外，還引劉宗周稱
曹端為「今之濂溪」〔註110〕再證。本文以為，劉宗周所謂「今之濂溪」，其意
非著重在曹端受有周敦頤之影響，應是在贊曹端開明代理學之先河，有如周
敦頤開宋代理學之始，兩者地位是相仿的。又誠如錢穆先生所說，曹端確是
「上窺濂溪」，但卻是從朱熹之處而上窺，曹端且自言「大書周說而分布朱
解」，可知他讀周敦頤的〈太極圖說〉與《通書》，乃以朱熹之註解為依歸。
是以李氏稱曹端「受周敦頤影響甚深」，倘若再加上朱熹，則較無疑問。

　　最後看到祝氏《朱子學與明初理學的發展》對曹端的評論。祝氏謂曹端
「其反理論之傾向，由其不事著述，而先於白沙以『糟粕』言聖經，皆可見
出。」〔註111〕此論有可再商榷之處。祝氏稱曹端「不事著述」，若祝氏不以《太
極圖說述解》、《通書述解》、〈西銘述解〉這三個「分經布註」之作為曹端著
述，那麼已亡佚的《性理論》、《儒學宗統譜》、《理學要覽》、《存疑錄》諸書，

〔註107〕同註26，頁8。
〔註108〕同註74，頁33。
〔註109〕同註4，頁25。李氏之註文在《明儒論學宗旨述要》頁42。
〔註110〕同註1，頁5上。
〔註111〕同註10，頁128。

祝氏是否也不將之算進曹端著述中？再說《夜行燭》與《家規輯畧》這兩部書，前者編錄諸賢之語、後者內容大抵錄於《義門鄭氏家規》，然《夜行燭》各篇篇首載有立篇之旨，除引經據典之外，其中不乏曹端自作語，且各篇內或有穿插其說明、篇末亦有其結語。而《家規輯畧》甚至有曹端自著的六十餘條家規，〔註112〕此外還有〈太極圖說述解序〉、〈辨戾〉……等單篇文章尚存。若無視於此而稱曹端「不事著述」，實未妥。再者，祝氏謂曹端「以『糟粕』言聖經」，於此本文有不同看法。

《曹月川先生錄粹》中有言：「《六經》、《四書》，聖心之糟粕，始當靠之以尋道，終當棄之以尋眞」；又謂：「《六經》、《四書》，天下萬世言行之繩墨也，不可不使之先入其心。」〔註113〕此一條謂之聖心糟粕，彼一條謂之萬世言行繩墨，則孰是孰非？錢穆先生言：「竊謂讀古人書，既當分別而求，又貴能會通而觀。」〔註114〕讀曹端的著述，不難發現他是一位重視《六經》、《四書》的儒者，是以《曹月川先生錄粹》所言之聖心糟粕，須再探究。曹端〈四書詳說序〉云：

> 永樂中，端正霍學，爲諸生說《四書》，一尊朱子成說，先舉一章大旨，而後分經以布其註，衍義以詳其說。然其聞朱子以爲易曉而不盡釋者，初學之士或難之，端用父師先正成說之精當者補之，將以盡詳約而便初學焉。時秦解元輩遂好錄而傳誦之。暨端終制，起調蒲州學，蒲中士大夫又已傳之矣。端見而驚且懼，竊欲倣許魯齋先生故事，收而火之，不可得矣，乃取一、二冊校之，脫誤不勝枚舉。至洪熙改元，霍州奏保復任，得諸生所藏之說，比之外傳差少脫誤，遂從而正之，越月方畢。夫《四書》者，孔、曾、思、孟之書，所以發《六經》之精義，明千聖之心法也。語其要分之，則《論語》曰「仁」，〈大學〉曰「敬」，〈中庸〉曰「誠」，《孟子》曰「仁義」。合之，則帝王精一執中之旨而已矣。蓋載道之器，亦聖心之糟粕也，始則靠之以尋道，終當棄之以尋眞，不可徒誦說焉。〔註115〕

〔註112〕張信民《年譜》云：「先生取義門鄭氏家規九十餘條，自撰六十餘條，編爲十有四篇，命曰《家規輯略》。」同註3，《曹端集・年譜》，附錄二，頁268。曹端年譜原作者項爲：（明）張信民著，（清）韓養元續輯、張璟裁定。

〔註113〕此條與上一條引文同註3，《曹端集・曹月川先生錄粹》，卷7，頁246。

〔註114〕同註4，頁41。

〔註115〕同註3，《曹端集・年譜》，附錄二，頁288。

此文當是上述《錄粹》中「聖心之糟粕」該條的原出處，可見《錄粹》所記有省脫。首先，這篇序文確實容易讓人以為曹端將《四書》視如「聖心之糟粕」，況且以曹端躬身踐履的個性，教人不徒事背誦而要致力於道德踐履，這也是合理的想法。但是祝氏僅言「糟粕」二字，而《錄粹》與〈四書詳說序〉的原句皆是「聖心之糟粕」。「糟粕」與「聖心之糟粕」自然有所分別，「聖心之糟粕」至少還是「載道之器」，祝氏未說清楚，恐使讀者致疑曹端視經書以糟粕之類等同之。

其次，曹端言「聖心之糟粕」，本文的意見是當謙指其所著之《四書詳說》，而非可「發六經之精義」、「明千聖之心法」的《四書》。據其文，「聖心之糟粕」指「載道之器」，「載道之器」者何？文章也，至於所指文章為何？是《六經》？是《四書》？還是曹端所序的《四書詳說》？蓋《四書詳說》乃為講學《四書》所作，倘若《四書》為曹端所指「聖心之糟粕」，曹端何必著書講之？大可只說「六經之精義」即可，是以曹端所稱「聖心之糟粕」若指《四書詳說》，如此解釋較之視《六經》、《四書》為「聖心之糟粕」合理。且從文意看來，曹端將「《六經》之精義」放在與「千聖之心法」相同的地位，則《六經》自非「聖心之糟粕」；又《四書》中的〈大學〉、〈中庸〉乃取自《禮記》，而《論語》記孔子言行，《孟子》錄孟子言行，四者合之曹端稱為「帝王精一執中之旨」，則視「《六經》之精義」地位等同於「千聖之心法」的曹端，豈會獨視《四書》為「聖心之糟粕」？

此外，文末謂「始則靠之以尋道，終當棄之以尋真，不可徒誦說焉」，其中的「靠之」與「棄之」的兩「之」字，毫無疑問是指「聖心之糟粕」，亦即末句「不可徒誦說焉」的受詞，而此句的受詞為何？有兩種可能，第一種是被隱藏在「誦說」與「焉」之間的受詞，則「誦說」二字皆做動詞，故不能確定該句受詞乃指《六經》、《四書》、或《四書詳說》。至於第二種可能的受詞，就是「不可徒誦說焉」的「說」。這裡的「說」字當然就是名詞，又此「說」指的是何者？本文的看法是，文中有謂「得諸生所藏之說」，這句的「說」字明顯是指曹端昔日講學《四書》而被學生所筆錄者，也可以說是《四書詳說》的前身，後來曹端《四書詳說》即據此本校改而成。既然同在〈四書詳說序〉此篇中，則「不可徒誦說焉」的「說」與「得諸生所藏之說」的「說」，兩「說」字的用法當然可以同義或相近。又文中其他出現的「說」字，除「為諸生說《四書》」的「說」顯然做動詞用，餘卜｜一尊朱子成說」、「衍義以詳其說」、

與「端用父師先正成說之精當者補之」三句的「說」字皆作名詞用，且無一「說」字指六經或《四書》，均是指「為講解《四書》而有的文字內容」。是故，本文認為「不可徒誦說焉」的「說」指的應是《四書詳說》，則「聖心之糟粕」指的是《四書詳說》，而非《六經》或《四書》。總結上述理由，祝氏稱曹端「不事著述」、「以『糟粕』言聖經」，而以之有「反理論之傾向」，這點仍有待商榷。

　　以上本章辨析了近人對於曹端理學相關議題的論述，這些研究成果相當具有代表性，使我們能夠更進一步掌握曹端理學思想之概況。在吸收、檢討前賢的成果之餘，也可以看出各家對曹端思想之論述焦點、以及看法的異同。總的說來，在孔顏樂處與道德實踐這兩部分，是學者們研究較少涉及的層面；而關於曹端影響後學之脈絡，學者們也留下了研究空間。除上所述，可以從本章內容發現，對於曹端理氣關係與心性的探討，學者們便提出許多不盡相同的看法。在本文前幾章主體研究結束後，於此透過對前賢成果的逐一檢視，相信能夠更清楚的勾勒出曹端理學思想之內涵。

第七章　結　論

　　關於曹端理學的理論及實踐部分，已如前面幾章所述，而在本文第五章也探究過他對明代理學的貢獻，並在第六章將近人所討論的幾個重要議題進行辨析。最後，便要從頭整合本文的研究成果，使能完整呈現出其理學思想之風貌。

　　本文的研究成果主要有下列十大項：

（一）詳細蒐羅前賢研究成果，在介紹各家論著的同時，也指出目前相關曹端研究的發展趨勢與未竟之處。

（二）從元代理學過渡時期至明朝朱學的官學化，導出明代初期理學發展的歷史脈絡，並展示出曹端之所以為明代理學開局者的特別之處。

（三）分析了曹端理氣論中諸如太極、理、性……等等的重要觀念，對〈辨戾〉一文與黃宗羲的評論重新作省視，同時也具體展現程朱思想在曹端理學中的刻劃痕跡。

（四）確立「仁」為曹端思想與學說的核心，而此仁亦可視為曹端所認知的形上本體、也就是理。

（五）在「孔顏樂處」此議題的討論中，探究了周敦頤、二程、和朱熹的說法，並進一步析論曹端所說破的關鍵之處──「仁」。

（六）從曹端的「事心之學」中歸納出「主敬」與「存誠」兩要目，並舉二程與朱熹思想加以說明之，亦得見出其繼承之軌跡。

（七）在曹端的語錄、以及後人的頌贊中，舉證以論述曹端躬行篤實的性格特徵。

（八）對曹端所著《夜行燭》及《家規輯畧》加以分析，歸納出曹端對宗族乃至於鄉里的「義理之教」、以及針對佛道和民間信仰的「異端之辨」，再以其道德實踐的具體事實詳加佐證。

（九）舉出薛瑄、胡居仁的理氣論，並循線推至羅欽順及王廷相，導出曹端理氣論對明儒之影響脈絡。

（十）對近人研究曹端的成果，區別了相關議題並探討之；在比較各家說法的同時，亦提出本文所持的觀點加以辨析，使曹端理學中的一些重要觀念更為清楚明白。

首先看到歷史背景與曹端的理學思想概況。惟有清楚整個歷史大環境的影響因素，才能明確掌握住曹端理學思想的風格成因與特色所在。時間從元代開始論起，元政府將程朱官學化，然而上個朝代一併流傳下來的陸九淵心學並沒有失去影響力，其時學者大多採取和會、折衷朱陸的思想趨向，如許衡、吳澄、鄭玉等等。這樣過渡的反應表現延伸到明初，明政府同樣大力支持程朱理學，使明初理學家多以述朱爲主，如劉基；而述朱之中有堅守程朱之學而排斥心學者，如方孝孺；也有繼續朝向折衷朱陸邁進的學者，如宋濂。

曹端在上述三位學者之後，繼續在述朱的潮流中發展，其學深受程朱浸潤，爲明初理學的發展開創新局。明朝大司馬彭澤（1459～1530）有云：

> 我朝一代文明之盛、經濟之學，莫盛於誠意伯劉公、潛溪宋公，至
> 於道學之傳，則斷自澠池月川曹先生始也。〔註1〕

曹端並非一味的對程朱理學宗奉固守，其在〈辨戾〉一文中便表達出不盡同於朱熹的理論，使後學者對程朱以來所認知的理氣關係重新再作省思。而曹端修身進德的工夫論乃是事心之學，具體的實踐即爲道德的躬身踐履，也就是務求力行而不空談，這正是其立身處世的一貫風格，同時也展現在他的著述之中。曹端著述甚豐，現存其著作有《太極圖說述解》、《通書述解》、〈西銘述解〉、《夜行燭》、《家規輯畧》，與後學存錄的《曹月川先生語錄》及《曹月川先生錄粹》。今以北京中華書局出版的《曹端集》所整理者最爲完備，該書另外還收有曹端傳記、年譜、頌贊、從祀錄，以及後學者爲其著作編寫之例言、序跋、與提要，可說是詳盡之至。

有了上述這些文獻的彙集，可以很方便對曹端理學進行研究。首先是「太

〔註1〕詳見（明）曹端著，王秉倫點校：《曹端集·頌贊》（北京：中華書局，2003年10月），附錄三，頁309。

極動靜」，這個論題包含了曹端對太極的基本觀念，以及理氣的關係，當然其中最重要的就是〈辨戾〉的提出。曹端對太極、對理的認知大致承於朱熹，同樣主張性即理，性的涵義也同樣兼有天命之性與氣質之性兩種，實則就是從「理一」與「分殊」兩個不同角度所切入而得的觀念。雖然兩人之間有這些相同點，但是在太極動靜的論題上，曹端還是有他自己的想法。朱熹認為太極含動靜之理，但是太極本身是寂然不動的，動靜的乃是陰陽二氣，簡言之，太極是陰陽動靜的所以然。曹端卻認為這樣的理還不足以為圓融至善的根據、不夠格成為形下之氣運動的依循，甚至有讓理成為死理的嫌疑，故曹端判斷「太極不自會動靜」這種敘述是錯誤的，他直接把動靜視為太極本身所為，而陰陽之生生化成便緣自太極自身動靜之故。當然，動靜既是太極本身所為，則曹端認知的太極，自然還是跟朱熹所言一樣仍具動靜之理，兩人之說惟動靜的原始執行者不同而已，實則沒有必要在此點刻意強調他們的分歧。又曹端改良朱熹人乘馬之喻，用活人乘馬喻理乘氣的關係，對黃宗羲而言，此乃是將理氣劃分為二物。活人乘馬的比喻是否精準適義，本文以為僅是次要，曹端提出這個意見，其目的只是在朱熹所說之上，更加凸顯形上之理的主宰性，強調太極本身可以積極的掌握氣之流行，這才是〈辨戾〉的意義所在。

接著看到曹端論仁。人性所本之理雖來自形上至善的道體，但人有時為私欲所蒙蔽，人性便不完美，因此有善有惡，而這樣的性乃是從墮在氣質之中的性來講。儒者修身進德的動機即在求氣清欲息、回復本然之天性，換言之就是以成聖為最終目的。曹端以仁為眾德、萬善之總名，這樣的想法是從程顥、朱熹而來。當初周敦頤教二程尋孔顏樂處，便是要二程探究聖人所達到的仁境，藉以窺成聖之道。這個論題在周敦頤自己手中說到顏回見其大而能忘卻窮困，程顥進一步指出窮困並不是可樂者。所以可樂者是周敦頤所稱的見其大，但程顥終究未明說顏回所樂者何。朱熹贊同這種引而不發的深意，故亦未曾說破。到底明確的答案為何？對此程顥還是給了提示，他教人須要先識得仁體，才有機會明白顏回所樂之由；而程頤則稱顏回所樂非樂道、樂道便不是顏回，朱熹以為此說乃是在點出顏回本身與道為一，是以不會再別出一個道而樂之。「孔顏樂處」的論題至此不但多半繞著顏回打轉，也沒有徹底的說破，直到曹端手中，他明說「孔、顏之樂者，仁也，非是樂這仁，仁中自有其樂耳」，〔註2〕這個論題才算是有了確切的答案。後學者

<hr>

〔註2〕同註1，《曹端集‧通書述解》，卷2，頁79。

即使有再談及「孔顏樂處」，也很難在曹端此說範圍之外另立新論。現在從孔顏之樂的反面去思考，聖賢是否也有所憂？若有，何以周敦頤不教人求聖賢憂處？翻開《四書集註》，有這樣的句子：

子曰：「不患人之不己知，患不知人也。」〔註3〕

子曰：「德之不修，學之不講，聞義不能徒，不善不能改，是吾憂也。」
〔註4〕

道也者，不可須臾離也，可離非道也。是故君子戒慎乎其所不睹，
恐懼乎其所不聞。〔註5〕

從字面上看，這裡所謂「患」、「憂」、「戒慎」、以及「恐懼」等等，確可稱爲聖人之憂，然此「憂」並不能動搖周敦頤之所以僅提出「孔顏樂處」、卻不教二程尋聖賢所憂之故。這種憂，乃是憂自身之德業未足，其背後目的仍是在「求仁」，故此憂亦是進德工夫中自然伴隨而來的一種心境，但卻不是聖人最後的境地。儒家講究的聖人，其境界應是「仁者不憂」〔註6〕、「君子不憂不懼」，〔註7〕求仁得仁，如何會有「憂」可言？是以周敦頤不教二程尋聖賢之所憂，僅命其尋孔顏之所樂。本文第三章第二節「孔顏樂處」所論者，亦著眼於「孔顏樂處」之「樂」，而於聖賢之「憂」僅於此略議。

曹端在「孔顏樂處」論題上的完成，又帶引出另一個問題，即如何到達聖人仁境，也就是關於求仁的工夫論。曹端的工夫論主要在事心，講究在心處下工夫。大體看來，他的事心之學有兩項要目——主敬與存誠。主敬是涵養此心的入路，心能主敬則靜固靜、動亦靜，動靜皆不妄。而要作到不妄，其要求在於寡欲，即減低私欲。減低私欲首要分辨私欲之不合宜，分辨私欲之不合宜就屬於義的工夫了，是故以敬涵養於心，還須配合集義，才算是完成主敬的部分。

在存誠方面，曹端認爲誠乃「實理而無妄之謂」〔註8〕，存之於內可以擴充仁德，然所以發之於外者，還須配合義的工夫，使行止合宜得體，亦即明

〔註3〕 語出《論語・學而》，詳見朱熹：《四書集註・論語》（臺南：大孚書局有限公司，1996年7月，初版三刷），卷1，頁6。

〔註4〕 語出《論語・述而》，同註3，卷4，頁41。

〔註5〕 語出《中庸》，同註3，《四書集註・中庸》，頁1～2。

〔註6〕 語出《論語・子罕》，同註3，卷5，頁61。

〔註7〕 語出《論語・顏淵》，同註3，卷6，頁67。

〔註8〕 同註1，《曹端集・通書述解》，卷1，頁28。

是非而所爲皆合於義。雖然吾人所以發於外之行爲，皆源自吾人存於內之思想，然光務於內在的誠思，而忽略外在的行止是否合宜，並不足以全進德之功。同理，光務於外在的行止，卻不關注內在的誠思，一樣顧此失彼。是故存誠於內，還須配合義的工夫，如此才算得上完備。綜觀曹端的事心之學，雖分出主敬與存誠兩要目，實則從最終的成聖目的來看，兩者可說是同一件事，即程頤所言「敬是閑邪之道。閑邪、存其誠，雖是兩事，然亦只是一事，閑邪則誠自存矣。」〔註9〕

　　理論的部分結束之後，接著看到曹端的道德實踐。曹端爲人躬行篤實，以理智、科學的思考方法面對流俗，不爲所惑，這一點同樣表現在他的爲學態度。曹端爲學重視務實，強調所學必實有得於己，且能應用於日常生活，而非僅僅空談。另外他還教人勤學，以明聖經賢傳中所蘊藏的仁義之道，曹端指出這才是儒者所應著力的地方。至於美詩美文，自有詩人與文人去作。儒者的詩文不應求奇巧，應重在闡釋道理，使心中所發之義理體現於文章之中。同時自身道德也要勉力修養，如此己立立人、己達達人，正是朝向儒者們共同追求的成聖道路。然人性常爲形氣所役，即使奮力用功，待人處世也難免有過，曹端認爲有過並非不幸，只要不憚於改正，便能更加接近正道；反之，倘若憚於聞己之過，不肯於失當之處下工夫，這才是眞正的不幸。

　　無論是學務於實、還是改過遷善的要求，這些都需要崇向正道的力量來鞭策，而這股力量還有待於教育來促成。在義理教育方面，曹端同二程與朱熹一般，亦教人觀聖賢氣象。聖人內涵的道德意識可藉由具體之形氣體現於外，因此觀察聖人的氣象，就等於在觀察天地間的道理，《二程集》有謂：

> 聖人即天地也。天地中何物不有？天地豈嘗有心揀別善惡？一切涵容覆載，但處之有道爾。若善者親之，不善者遠之，則物不與者多矣，安得爲天地？故聖人之志，止欲老者安之，朋友信之，少者懷之。〔註10〕

所謂「處之有道」，吾人便是要觀察此道、觀察聖人氣象所散發出來的道理，但是光於外在學習聖人的容色辭氣，並不是二程與曹端教人觀聖賢氣象的要求。曹端所教者，還須配合內在的涵養之功。例如觀聖人對喪家的態度，並非徒事

〔註9〕 詳見（宋）程顥、程頤著，王孝魚點校：《二程集・河南程氏遺書》（北京：中華書局，2004年2月，二版三刷），冊上，卷18，頁185。

〔註10〕 同註9，卷2上，頁17。

於模仿聖人合於禮儀的行止，還必須要體會聖人心中自然發出的誠敬，藉此養自身忠厚之心，如此才算是達到觀聖人氣象的目的。

　　曹端在《夜行燭》與《家規輯畧》中訂立的家規族訓，也是其義理教育的展現。《夜行燭》摘錄聖賢之格言哲理為內容，以禮、義、與家庭倫理為則，論述圍繞在宗族與鄉里之間。全書曹端最為重視者，乃是孝道的規範，並且將知禮節、明倫理視為聖賢、君子的必備條件。另外，受諫與進諫之道也是《夜行燭》的一個重點。當在上位者有不能成德全善之時，必接納良諫以正己失，而在下位者進諫於上，亦須注意和聲柔色，不可逾份越禮。

　　《家規輯畧》以江南義門鄭氏所立家規為底本，加以曹端自撰六十餘條而成書。曹端立教講求在上位者以身教為先，如此才能表率於下。接著指示宗族子弟的為學之道，曹端要求後輩為學務以聖賢為範，且須身體力行而不作空談，使內在的學問涵養，有用於外在的待人接物，這是對內部宗族的義理之教。然《家規輯畧》並非止於對內，其〈推仁第十三〉便以外和鄉里之義為主要內容，〔註11〕如是宗族之情以至於鄉里之義，都成為《家規輯畧》所關注的範圍。《明儒學案》錄曹端事云：「霍州樵者拾金釵以還其主，人以為異，樵曰：『第不欲愧曹郡博耳。』高文質往觀劇，中途而返，曰：『此行豈可使曹先生知也？』」〔註12〕這些都是曹端以義理教化於人的具體事蹟，其年譜中亦有例子可見：

> 永樂八年，先生年三十五歲。……時有官任滇南，途次霍，凍餒不能行。先生惻然解衣衣之，備給其餱糧路費。諸生感化，多有資助之者。〔註13〕

據此條資料的記載，諸生受其感化而紛紛行義，是故可以說，曹端的義理之教確實能夠以身作則，並感化他人。

　　此外，和《夜行燭》一樣，《家規輯畧》亦包含勸諫之道，認為子若見親有過則必諫，但切忌出言不遜，尊長敬上的觀念不可須臾忽略，如此才合乎孝道。

〔註11〕　〈推仁第十三〉錄有數條鄭氏舊本與曹端自著的訓誡，大多關於鄉里之義。同註1，《曹端集・家規輯畧》，卷5，頁206～207。

〔註12〕　詳見（清）黃宗羲：《明儒學案》（臺北：臺灣商務印書館股份有限公司，1984年7月，《景印文淵閣四庫全書》本，史部二一五，傳記類，冊457），卷44，頁2下。

〔註13〕　同註1，《曹端集・年譜》，附錄二，頁272。曹端年譜原作者項為：（明）張信民著，（清）韓養元續輯、張璟裁定，今收於《曹端集》。

綜觀《夜行燭》與《家規輯畧》二書，有些條則置於今時來看已經不適用，但亦有不少規範仍是今時良箴。曹端在這兩項著作中展現的義理教化，其內睦宗族、外和鄉里的背後意義，才是探討其道德實踐所須注意的地方，至於條則的具體內容，便不是本文所論「義理之教」的重心所在。

道德實踐的最後一部分，乃是曹端的異端之辨。曹端對於鬼神的看法與孔子相去不遠，存而敬之、敬而遠之，這也可以說是儒家的一項傳統。在曹端的觀念裡，鬼神爲死去的祖先，孔子謂「非其鬼而祭之，諂也」，〔註14〕是以曹端所祭拜的鬼神限於自家祖先。他反對以祭拜鬼神爲致福之途，認爲禍福乃由吾人自身的爲惡、行善所決定，實非關鬼神之事。當祭拜自家祖先之時，應秉持恭敬的態度，即所謂「事死如事生」、「事亡如事存」；〔註15〕倘若所祭者非其先祖，且欲以供奉得其庇，那就等同於賄賂鬼神。倘若認爲鬼神能受賄，而不論祭拜者之善惡皆有以祐之，那麼這種祭祀不過是一種諂媚的信仰。

接著是對佛道兩家的批判，曹端認爲，道家講虛而無，佛家講寂而滅，皆未若儒家的虛而有、寂而感來得積極。且佛家無君臣、夫婦……等世俗之倫理，而道家教人任其自然、無謂造作聖智仁義，這些在曹端看來都阻塞了仁義的流佈。特別是佛門規定比丘或比丘尼皆不可結婚生子，曹端更指責此與天理相違，若人皆如此，則終將至生民絕類。另外，曹端批判的對象還有假借佛道兩家之名的宗教形式，主張儒者從事祭拜便應採用儒家之禮，不可施行齋醮之儀。即便不是儒者，專務於諂神佞佛而罔顧禮法，這也不爲曹端所認同。《明儒學案》謂曹端「每有修造，不擇時日。或以太歲、土旺爲言，先生明其謬妄，時人從而化之。」〔註16〕可說是完全不爲流俗所惑，其年譜中亦記載不少關於異端之辨的事蹟，下面來看一則例子：

> 永樂二年甲申，先生年二十九歲。寢疾，拒用巫覡。……巫曰：「強秀才，不信鬼神，終當至死。」先生曰：「吾平生事親事兄，未嘗違禮；處家處鄉，未嘗越分，無得罪神明者。孔子曰：『邱之禱久矣！』今者疾，乃天行之數，人所不免，非鬼神有意害我也。古者異行有誅，異言有禁，今法律亦有師巫邪術之罪。汝輩男女混雜，瀆亂倫理，陽奉神，陰圖財，誑世惑眾，傷風敗俗，罪莫大焉！」巫覡懼

〔註14〕　語出《論語‧爲政》，同註3，頁12。
〔註15〕　同註1，《曹端集‧曹月川先生語錄》，卷6，頁225。
〔註16〕　同註12。

服。後先生疾瘵，父兄欲以牲祭天，先生扶杖起，跪曰：「敬鬼神而
遠之可也，何必褻瀆為惑於邪說？溺於流俗，聖賢之罪人也。」固
止之。〔註17〕

從這條資料可以感受到曹端持道之至篤，不但自身不為異端邪說所惑，亦出
言指責而使巫覡從化，又將此理推及於父兄，使其亦不溺於流俗。如此己立
立人、己達達人，實可謂道德實踐之典範。再看幾則年譜中的例子：

永樂十有七年己亥，先生年四十四歲。……大使邢端重修五嶽廟成，
請先生撰告文，先生辭而闕之，大略言：「天子祭天地及天下名山大
川，諸侯祭境內山川，大夫祭五祀，士、庶人祭其祖先，此定分也。……
今官不至侯、伯，職不比子、男，乃合五嶽兼祭之，僭分越禮莫此
為甚！」言最激切，端慚謝。〔註18〕

永樂十有八年庚子，先生年四十五歲。……友人設齋醮，請先生祖
先姓名奉之，先生隱其姓名不赴。〔註19〕

永樂二十有一年癸卯，先生年四十八歲。……先生閒遊萬泉，偕樊
先生行。過梓桐祠，樊先生肅揖。先生曰：「何諂也？」樊先生曰：
「斯文宗主，不可不敬。」先生曰：「梓潼主斯文，孔子主何事？」
〔註20〕

看過這幾則例子之後，更加清楚曹端崇正闢邪的道德實踐。他一方面不用齋
醮之儀、不為異教所迷，另一方面卻也極為重視侍奉鬼神的道理，明辨各職
各分有其所應當祭拜者而不亂，本文認為這才是真正尊敬鬼神的表現。總體
說來，辨於異端、辭闢佛老的言論在宋明儒者中並不罕見，然此點卻可說是
曹端整體實踐最為徹底的一塊。

儒家主張敬鬼神而遠之，所謂的鬼神即死去的祖先，是故祭拜當出自孝
心，並以自家祖先為限。而在今日宗教自由的社會，特別是在一些民間信仰
中，釋教與道教之間的分際已經不是那麼清楚。現在所盛行之牲貢、拈香、
與燒紙錢……等等的這些習俗，乃出自各個宗教派別所訂立的規儀，同時供
信徒祭祀的神祇亦不勝枚舉，再加上西方宗教於國內的盛行，儒家思想已不

〔註17〕 同註1，《曹端集・年譜》，附錄二，頁267～268。
〔註18〕 同註1，《曹端集・年譜》，附錄二，頁277。
〔註19〕 同註1，《曹端集・年譜》，附錄二，頁277～278。
〔註20〕 同註1，《曹端集・年譜》，附錄二，頁282。梓潼即今所謂文昌帝君。

是多數人堅持的信念。人謂祭拜鬼神可以趨吉避凶，倘不事祭拜將有以得罪於鬼神，而世人大多寧可信其有，於是不限自家祖先，只要是有靈驗之傳說者，便不遺餘力的供奉。然在道教未興、佛教與西方教派未傳入中國之時，平民百姓除自家祖先外並無其他祭拜對象，難道包括孔子在內的這些百姓便因此得罪於鬼神而皆致禍嗎？曹端指出，為人處世只要就著正確的道理去做，有過則改、有義則為，存善心、行善事、不作背德違禮之人，如此無愧於天地，又何必汲汲營營於禍福之間？所遇不論吉凶，只要能辨是非、明道義，又豈須鬼神的庇蔭以致福？即便從於正道而仍遭不幸，亦非關鬼神之事。蓋人難免旦夕禍福，試問若能做到曹端所言「事親事兄，未嘗違禮；處家處鄉，未嘗越分」、〔註21〕「拜父母於堂上，饗祖宗於地下，……上則供賦稅，下則守禮法，仰以事其父母，俯以畜其妻子」，〔註22〕那麼鬼神又何由降禍？若必祭拜之才得以避禍，則如此霸道而現實，又豈能容於天道之無私？

　　曹端理學中的一些論點，對明代後學起了不少直接或間接的影響，如事心的工夫、主敬的觀念……等等，然其中最顯著的貢獻，乃在於理氣關係的發展與轉變。曹端在〈辨戾〉中以活人乘馬之喻提出「太極自會動靜」的主張，此說的意義在提高理的主宰性，但卻隱然將理氣分為二物而一體。到了薛瑄，同樣將理氣視為二者，然此二者並無縫隙可言，他主張理在氣中，且更加強調理氣不可分先後，故有謂：「理氣二者蓋無須臾之相離也，又安可分孰先孰後哉？」〔註23〕稍後的胡居仁亦說理在氣中，可是胡居仁所主張者卻與薛瑄有所出入，差別就在於，胡居仁的理在氣中又將理氣分出了先後。

　　接著來到明代中期，其時程朱學派具代表性的學者羅欽順，分別評論了薛瑄與胡居仁的理氣論，他認為薛瑄的未達之處乃是將理氣分為二物，而胡居仁則失在提出「氣乃理之所為」〔註24〕、「有理而後有氣」〔註25〕……等理先氣後的論點。換言之，羅欽順乃是主張理氣不可二分。特別要說明的是，他強調理須就氣上才得以認取，也就是說，理氣關係已逐漸轉入以氣為本的

〔註21〕同註1，《曹端集・年譜》，附錄二，頁 268。

〔註22〕同註1，《曹端集・年譜》，附錄二，頁 265。

〔註23〕詳見（明）薛瑄：《讀書錄》（臺北：臺灣商務印書館股份有限公司，1985 年 2 月，《景印文淵閣四庫全書》本，子部十七，儒家類，冊 711），卷 3，頁 2 下～3 上。

〔註24〕詳見（明）胡居仁：《居業錄》（臺北：臺灣商務印書館股份有限公司，1985 年 2 月，《景印文淵閣四庫全書》本，子部二○，儒家類，冊 714），卷 8，頁 38 上。

〔註25〕同註24，卷 6，頁 6 上。

方向。與羅欽順同時期的王廷相，比羅欽順更進一步確定了氣本論的觀點，並挑戰朱熹、曹端以來所持守的理本氣末，主張「元氣即道體」。〔註26〕在王廷相的思想中，以往所謂之理，其地位已經完全被氣所取代了，至此，理氣關係從原先的理本論轉變到王廷相的氣本論，而這條脈絡的源頭，可以追溯到曹端之處。

經過了對曹端理學的主體研究，也探討了其所帶來的影響，最後看到近人對曹端理學的討論。以諸位學者的學術著作為依據，這些著作是目前兩岸有關曹端研究中，較為完備、且具代表性者。本文將各項著作的內容分拆，並把相關的議題統合置於各節中來析論，這樣的形式可以使各項著作中的研究焦點清楚的展示出來。現在不妨統整這些著作，重新檢視前賢的研究成果。

根據學者們的研究，曹端為人躬行篤實，其學從古聖先賢的經傳著述中體會而得，乃屬於明初述朱學者之林。此外，曹端〈辨戾〉被學者們視為其理氣論的討論重點，也是對朱熹學說進行反思的明證。關於〈辨戾〉，論者多採取肯定的評價，認為他使形上之理更具主宰性，並修補朱熹學說中可能使人置疑之處。當然也有認為曹端呆看、誤解朱熹的說法出現，但大體而言，曹端〈辨戾〉欲使形上道體避免空懸之嫌，並讓儒家的本體論更顯積極性，如此之用心值得讚賞。另外要提到的是，《明儒學案》的作者黃宗羲，認為〈辨戾〉所言乃是將理與氣的關係視為兩物而一體，論者以為這種理氣為一體的思想，直接或間接影響到稍後的薛瑄、以及更晚的羅欽順、與王廷相等人。除了〈辨戾〉一文的討論，曹端理學思想中的心學色彩也是學者注意的焦點，這樣的痕跡展現在曹端修身進德的工夫論上，即其事心之學，而內容則是著重在「誠」與「敬」二方面。

學者們的研究已將曹端的思想概況大致展現在我們眼前，對於本文的研究工作甚有助益。然而其中多半有一個相同的問題存在，曹端的著作如《太極圖說述解》、《通書述解》、〈西銘述解〉等等，很多是直接套用朱熹的原注語，或者是僅有幾字之出入，即便是《曹月川先生語錄》、《曹月川先生錄粹》也參雜有不少朱熹或他人之言。前賢的這些著作在引用原典以輔佐其論述之時，或者因為一時不察，誤以朱熹之言為曹端自發。當然，曹端會引用這些言論，代表他也同意其說，故以之為曹端的思想亦無可厚非，但若是能夠再

〔註26〕詳見（明）王廷相著，王孝魚點校：《王廷相集‧雅述》（北京：中華書局，1989 年 9 月），冊 3，上篇，頁 848。

加以說明其原出處，應該是比較妥當的。有些被論者特別提出來的文字資料，實則早在南宋朱熹之時便已說過，這樣一來，這些針對研究曹端所引用的證據，其重要性似乎就不足了。最好是能夠找出確為曹端自發的言論以為佐証，如此才有較高的說服力。是以本文進行研究之時，盡可能避免援引曹端著作中所錄他人之說，而選用曹端所自著的言論。再者，一般說來，朱熹雖主張性即理，但不能說「心」在其理學體系中就不重要，呂妙芬先生在其作《胡居仁與陳獻章》中說得好：

> 如果我們只把眼光的焦點放在朱子論心的內容上，而不去注意其思
> 想的另外論題，事實上並不容易區別其與陸王心學論心之差異，換
> 言之，朱子思想中是有心學的某些內涵，但這種相似性並不能掩蓋
> 他們之間存有更大的差異性。〔註27〕

曹端的思想當中有心學色彩，這是毫無疑問的，但即使是如此，看待其言論也不必作過多的聯想，大致上曹端還是屬於程朱理學中的一份子。前賢的這些著作中不但出現過誤以朱熹之言為曹端之言，甚至以之論證曹端的思想屬於心學一脈、或者極富心學旨趣。這是在「曹端思想帶有心學意味」的先入為主觀念下，所造成的錯置，論者若能分辨出其引用的所謂證據實則出自朱熹所言，當不會有如此誤認。

　　總體看學者們的研究，除上述提到的一點問題之外，本文藉此所得到的研究材料與想法仍然十分豐富。雖然前賢的討論大多未及於曹端道德實踐之部分，但是這些著作本以思想層面的評論為主要訴求，故面對學者們所貢獻的研究成果時，乃是將注意力集中在理論方面的闡述，著實受益匪淺。

　　以上便是本文的研究成果。須特別提出的是，曹端的理學思想並不是盡善盡美。如其闢佛言論，因未嘗深入了解佛教義理，故而失之客觀公允。又如述解周敦頤的《通書》與〈太極圖說〉，曹端僅從朱熹的說法切入，未詳加辨析周敦頤的原意；而述解張載〈西銘〉時，曹端更是直接承用朱熹原註，缺乏自我的理論發揮。關於上述這些問題，便可說是曹端理學思想的不足之處。

　　最後，在眾多後學的評論中，本文以為薛瑄對曹端的論贊最為簡潔切要，其曰：

> 質純氣清，理明心定。篤信好古，距邪崇正。有德有言，以淑後人。

〔註27〕詳見呂妙芬：《胡居仁與陳獻章》（臺北：文津出版社有限公司，1996年5月），頁162。

美哉君子，光煇日新。〔註28〕

總的看來正如薛瑄所贊，曹端在明初是一位值得注意與研究的理學家，其在明代理學中實具有不可忽視的地位。在本文的研究過程中，發現明初到明代中期的學術潮流轉變，乃是另一個值得注意的方向。從述朱走到王學大興、並且還有羅欽順與王廷相以氣爲本的思想崛起，使得程朱以來的理本論受到新風氣的挑戰，如此之趨勢走向的成因何在？確切一點的問，曹端理學的價值與重要性，爲何在明初以後逐漸消失在整個宋明理學史中？使得今日關於他的專論研究少之又少。相信本文的討論已經多少凸顯出曹端理學的研究價值，而上述所說的疑問並不是本文的研究主旨，但都是未來可再深入的論題，惟筆者才識未逮，現僅能拋出此磚，待日後曹端理學受到更多關注，期能盡些許引玉之功。

〔註28〕語出（明）薛瑄：〈月川先生像贊〉，收於《曹端集·頌贊》，同註1，頁341。

主要參考書目

一、古籍文獻部分（依時代先後排序）

1. 《原本周易本義》，（宋）朱熹著，景印文淵閣四庫全書本，臺北，臺灣商務印書館，1983 年 8 月。

2. 《書經集傳》，（宋）蔡沈著，景印文淵閣四庫全書本，臺北，臺灣商務印書館，1983 年 8 月。

3. 《四書或問》，（宋）朱熹著，景印文淵閣四庫全書本，臺北，臺灣商務印書館，1983 年 12 月。

4. 《四書集註》，（宋）朱熹編，臺南，大孚書局有限公司，1996 年 7 月，初版三刷。

5. 《論語注疏》，（魏）何晏集解，（宋）邢昺疏，嘉慶二十年江西南昌府學本，臺北，藝文印書館，1997 年 8 月，初版十三刷。

6. 《舊唐書》，（後晉）劉昫等修，景印文淵閣四庫全書本，臺北，臺灣商務印書館，1984 年 3 月。

7. 《資治通鑑》，（宋）司馬光著，（元）胡三省音註，景印文淵閣四庫全書本，臺北，臺灣商務印書館，1984 年 3 月。

8. 《老子道德經注》，（晉）王弼注，（唐）陸德明釋文，臺北，世界書局，2001 年 8 月，初版十一刷。

9. 《張子正蒙注》，（宋）張載著，（明）王夫之注，四部刊要本，臺北，世界書局，1970 年 5 月，再版。

10. 《朱子語類》，（宋）黎靖德編，景印文淵閣四庫全書本，臺北，臺灣商務印書館，1985 年 2 月。

11. 《御纂朱子全書》，（宋）朱熹著，（清）李光地、熊賜履等編，景印文淵閣四庫全書本，臺北，臺灣商務印書館，1985 年 2 月。

12. 《近思錄》，（宋）朱熹著，（清）張伯行集解，臺北，臺灣商務印書館，1996 年 4 月，臺一版十二刷。

13. 《周元公集》，（宋）周敦頤著，景印文淵閣四庫全書本，臺北，臺灣商務印書館，1985 年 9 月。

14. 《二程集》，（宋）程顥、程頤著，王孝魚點校，北京，中華書局，2004 年 2 月，二版三刷。

15. 《龜山集》，（宋）楊時著，景印文淵閣四庫全書本，臺北，臺灣商務印書館，1985 年 9 月。

16. 《晦庵集》，（宋）朱熹著，景印文淵閣四庫全書本，臺北，臺灣商務印書館，1985 年 9 月。

17. 《象山集》，（宋）陸九淵著，景印文淵閣四庫全書本，臺北，臺灣商務印書館，1985 年 9 月。

18. 《陳氏禮記集說》，（元）陳澔著，景印文淵閣四庫全書本，臺北，臺灣商務印書館，1983 年 12 月。

19. 《四書集義精要》，（元）劉因著，景印文淵閣四庫全書本，臺北，臺灣商務印書館，1983 年 12 月。

20. 《吳文正集》，（元）吳澄著，（元）吳當編，景印文淵閣四庫全書本，臺北，臺灣商務印書館，1985 年 9 月。

21. 《魯齋遺書》，（元）許衡著，景印文淵閣四庫全書本，臺北，臺灣商務印書館，1985 年 9 月。

22. 《師山集》，（元）鄭玉著，景印文淵閣四庫全書本，臺北，臺灣商務印書館，1985 年 9 月。

23. 《周易傳義大全》，（明）胡廣等著，景印文淵閣四庫全書本，臺北，臺灣商務印書館 1983 年 8 月。

24. 《書經大全》，（明）胡廣等著，景印文淵閣四庫全書本，臺北，臺灣商務印書館，1983 年 8 月。

25. 《詩傳大全》，（明）胡廣等著，景印文淵閣四庫全書本，臺北，臺灣商務印書館，1983 年 8 月。

26. 《禮記大全》，（明）胡廣等著，景印文淵閣四庫全書本，臺北，臺灣商務印書館，1983 年 12 月。

27. 《春秋大全》，（明）胡廣等著，景印文淵閣四庫全書本，臺北，臺灣商務印書館，1983 年 12 月。

28. 《四書大全》，（明）胡廣等著，景印文淵閣四庫全書本，臺北，臺灣商務印書館，1983 年 12 月。

29. 《元史》，（明）宋濂、王禕等修，景印文淵閣四庫全書本，臺北，臺灣商務印書館，1984 年 3 月。

30. 《通書述解》，（明）曹端著，景印文淵閣四庫全書本，臺北，臺灣商務印書館，1985 年 2 月。

31. 《讀書錄》，（明）薛瑄著，景印文淵閣四庫全書本，臺北，臺灣商務印書館，1985 年 2 月。

32. 《性理大全書》，（明）胡廣等著，景印文淵閣四庫全書本，臺北，臺灣商務印書館，1985 年 2 月。

33. 《居業錄》，（明）胡居仁著，景印文淵閣四庫全書本，臺北，臺灣商務印書館，1985 年 2 月。

34. 《困知記》，（明）羅欽順著，景印文淵閣四庫全書本，臺北，臺灣商務印書館，1985 年 2 月。

35. 《文憲集》，（明）宋濂著，景印文淵閣四庫全書本，臺北，臺灣商務印書館，1985 年 12 月。

36. 《誠意伯文集》，（明）劉基著，景印文淵閣四庫全書本，臺北，臺灣商務印書館，1985 年 12 月。

37. 《遜志齋集》，（明）方孝孺著，景印文淵閣四庫全書本，臺北，臺灣商務印書館，1985 年 12 月。

38. 《曹月川集》，（明）曹端著，景印文淵閣四庫全書本，臺北，臺灣商務印書館，1985 年 12 月。

39. 《曹端集》，（明）曹端著，王秉倫點校，北京，中華書局，2003 年 10 月。

40. 《敬軒文集》，（明）薛瑄著，景印文淵閣四庫全書本，臺北，臺灣商務印書館，1985 年 12 月。

41. 《王文成全書》，（明）王守仁著、錢德洪編、謝廷傑彙集，景印文淵閣四庫全書本，臺北，臺灣商務印書館，1985 年 12 月。

42. 《王廷相集》，（明）王廷相著，王孝魚點校，北京，中華書局，1989 年 9 月。

43. 《唐宋八大家文鈔》，（明）茅坤編，景印文淵閣四庫全書本，臺北，臺灣商務印書館，1986 年 3 月。

44. 《明文衡》，（明）程敏政編，景印文淵閣四庫全書本，臺北，臺灣商務印書館，1986 年 3 月。

45. 《明史》，（清）張廷玉等修，景印文淵閣四庫全書本，臺北，臺灣商務印書館，1984 年 3 月。

46. 《宋元學案》，（清）黃宗羲著，全祖望、黃百家補修，儒藏本，成都，四川大學出版社，2005 年 5 月。

47. 《明儒學案》，（清）黃宗羲編，景印文淵閣四庫全書本，臺北，臺灣商務印書館，1984 年 7 月。

48. 《經義考》，（清）朱彝尊著，景印文淵閣四庫全書本，臺北，臺灣商務印書館，1984 年 10 月。

49. 《居易錄》，（清）王士禛著，景印文淵閣四庫全書本，臺北，臺灣商務印書館，1985 年 2 月。

二、近人專著部分（依出版先後排序，下同）

（一）總　論

1. 《復聖顏子思想研究》，黃紹祖著，臺北，文史哲出版社，1982 年 9 月。

2. 《中國思想史》，韋政通著，臺北，水牛出版社，1988 年 9 月八版。

3. 《儒家心性之學論要》，蔡仁厚著，臺北，文津出版社，1990 年 7 月。

4. 《儒學的常與變》，蔡仁厚著，臺北，東大圖書股份有限公司，1990 年 10 月。

5. 《哲學論集》，唐君毅著，臺北，臺灣學生書局，《唐君毅先生全集》卷十八，1991 年 9 月全集校訂版。

6. 《中國哲學史新編》，馮友蘭著，臺北，藍燈文化事業股份有限公司，1991 年 12 月。

7. 《中國哲學範疇導論》，葛榮晉著，臺北，萬卷樓圖書有限公司，1993 年 4 月。

8. 《新編中國哲學史》（三上）　勞思光著，臺北，三民書局，1993 年 8 月七版。

9. 《中國哲學史》，馮友蘭著，臺北，臺灣商務印書館，1994 年 5 月增訂臺一版二刷。

10. 《中國學術思想史論叢》（四）錢穆著，錢賓四先生全集本，臺北，聯經出版事業股份有限公司，1994 年 9 月。

11. 《儒家身體觀》，楊儒賓著，臺北，中央研究院中國文哲研究所籌備處，1996 年 11 月。

12. 《國史大綱》，錢穆著，臺北，臺灣商務印書館，1996 年 11 月修訂三版二刷。

13. 《中國通史》，傅樂成著，臺北，大中國圖書公司，1998 年 8 月二六版。

14. 《儒家哲學》，吳汝鈞著，臺北，臺灣商務印書館，1998 年 11 月初版二刷。

15. 《中國哲學史大綱》，蔡仁厚著，臺北，臺灣學生書局，1999 年 9 月初版四刷。

16. 《思想方法五講新編》，勞思光著，香港，中文大學出版社，2000 年 7 月修訂版。

17. 《中國哲學史》，王邦雄等著，臺北縣，國立空中大學，2001 年 2 月初版四刷。

18. 《中國歷史年表》，柏楊著，臺北，星光出版社，2001 年 5 月新版。

19. 《儒家基本存有論》，范良光著，臺北，樂學書局，2002 年 1 月。

20. 《儒家保身觀與成德之教》，劉錦賢著，臺北，樂學書局，2003 年 1 月。

21. 《儒家經典詮釋方法》，李明輝編，臺北，國立臺灣大學出版中心，2004 年 6 月。

（二）宋明部份

1. 《中國的自由傳統》，狄百瑞著，李弘祺譯，臺北，聯經出版事業公司，1983 年 5 月。

2. 《明學探微》，林繼平著，臺北，臺灣商務印書館，1984 年 12 月。

3. 《宋明道學》，孫振青著，臺北，千華出版公司，1986 年 9 月。

4. 《張載》，黃秀璣著，臺北，東大圖書股份有限公司，1987 年 9 月。

5. 《朱學論集》，陳榮捷著，臺北，臺灣學生書局，1988 年 7 月增訂再版。

6. 《理學的演變──從朱熹到王夫之戴震》，蒙培元著，臺北，文津出版社，1990 年 1 月。

7. 《明代理學論文集》，古清美著，三重，大安出版社，1990 年 5 月。

8. 《宋代理學與佛學之探討》，熊琬著，臺北，文津出版社，1991 年 5 月初版二刷。

9. 《宋明理學北宋篇》，蔡仁厚著，臺北，臺灣學生書局，1991 年 9 月初版六刷。

10. 《近思錄詳註集評》，陳榮捷著，臺北，臺灣學生書局，1992 年 8 月。

11. 《宋明理學邏輯結構的演化》，張立文著，臺北，萬卷樓圖書有限公司，1993 年 1 月。

12. 《宋代理概念之開展》，鄧克銘著，臺北，文津出版社，1993 年 6 月。

13. 《中國歷代思想史》（五）明代卷，容肇祖著，臺北，文津出版社，1993 年 12 月。

14. 《朱子學與明初理學的發展》，祝平次著，臺北，臺灣學生書局，1994 年 2 月。

15. 《胡居仁與陳獻章》，呂妙芬著，臺北，文津出版社，1996 年 5 月。

16. 《宋明理學概述》，古清美著，臺北，臺灣書店，1996 年 11 月。

17. 《宋明理學史》，侯外廬等編，北京，人民出版社，1997 年 10 月二版二刷。

18. 《中國儒學史明清卷》，苗潤田著，廣州，廣東教育出版社，1998 年 6

月。

19. 《宋明理學南宋篇》，蔡仁厚著，臺北，臺灣學生書局，1999 年 9 月增訂版四刷。

20. 《理在氣中——羅欽順　王廷相　顧炎武　戴震氣本論研究》，劉又銘著，台北，五南圖書出版有限公司，2000 年 11 月二版。

21. 《宋學探微，林繼平著，臺北，蘭臺出版社，2002 年 3 月。

22. 《中國理學》，潘富恩、徐洪興等編，上海，東方出版中心，2002 年 6 月。

23. 《宋明理學研究》，張立文著，北京，人民出版社，2002 年 11 月。

24. 《心體與性體》（一），牟宗三著，臺北，聯經出版事業股份有限公司，2003 年 5 月。

25. 《心體與性體》（二），牟宗三著，臺北，聯經出版事業股份有限公司，2003 年 5 月。

26. 《心體與性體》（三），牟宗三著，臺北，聯經出版事業股份有限公司，2003 年 5 月。

27. 《明代哲學史》，張學智著，北京，北京大學出版社，2003 年 6 月初版二刷。

28. 《宋明儒學的問題與發展》，牟宗三著，臺北，聯經出版事業股份有限公司，2003 年 7 月。

29. 《中國近世思想史研究》，陳來著，北京，商務印書館，2003 年 10 月。

30. 《宋明理學》（第二版）　陳來著，上海，華東師範大學出版社，2004 年 3 月。

31. 《宋明理學與政治文化》，余英時著，臺北，允晨文化實業股份有限公司，2004 年 7 月。

32. 《二程洛學與實學研究》，趙金昭主編，北京，學苑出版社，2005 年 4 月。

33. 《北宋儒學》，杜保瑞著，臺北，臺灣商務印書館，2005 年 4 月。

三、論文部分

（一）學位論文

1. 《從理本論到氣本論——明清儒學理氣觀念的轉變》，胡森永著，國立臺灣大學中國文學研究所博士論文，1991 年 6 月。

2. 《朱子的理氣心性說與明初理學的發展》，祝平次著，國立臺灣大學中國文學研究所碩士論文，1990 年 5 月。

3. 《明儒論學宗旨述要》，李淑芬著，國立臺灣師範大學國文研究所碩士論

文 1995 年 5 月。

4. 《明代前期理學思潮研究》，鄭自誠著，國立臺灣大學中國文學研究所碩士論文，1997 年 6 月。

5. 《顏子樂處智慧研究》，簡憶如著，國立高雄師範大學國文教學研究所碩士論文，2003 年 5 月。

6. 《從「孔顏樂處」到程明道天人一本論》，孔令宜著，國立東華大學中國語文學研究所碩士論文，2005 年 7 月。

（二）期刊、學報論文

1. 〈朱子理氣論的幾個要點〉，蔡仁厚著，《哲學與文化》，第 2 卷第 2 期（總第 12 期），1975 年 2 月。

2. 〈明朝初葉哲學思想〉，羅光著，《哲學與文化》，第 7 卷第 12 期（總第 79 期），1980 年 12 月。

3. 〈論朱子之仁說〉，陳榮捷著，《哲學與文化》，第 8 卷第 6 期（總第 85 期），1981 年 6 月。

4. 〈泛論宋儒「道統」觀念之謬誤〉，方東美講，張永儁記，《哲學與文化》，第 8 卷第 7 期（總第 86 期），1981 年 7 月。

5. 〈宋明清新儒家哲學第八講〉，方東美講，張永儁記，《哲學與文化》，第 9 卷第 2 期（總第 93 期），1982 年 2 月。

6. 〈宋明清新儒家哲學第十講〉，方東美講，張永儁記，《哲學與文化》，第 9 卷第 4 期（總第 95 期），1982 年 4 月。

7. 〈朱熹的形上結構論〉，羅光著，《哲學與文化》，第 9 卷第 6 期（總第 97 期），1982 年 6 月。

8. 〈程伊川的哲學（下）〉，孫振青著，《哲學與文化》，第 11 卷第 9 期（總第 124 期），1984 年 9 月。

9. 〈朱學在明代的流變與王學的源起〉，唐宇元著，《哲學研究》，第 9 期，1986 年。

10. 〈論明初曹端的理學及其歷史意義〉，唐宇元著，《河北學刊》，第 2 期，1987 年。

11. 〈朱子理形論〉，黎建球著，《哲學與文化》，第 14 卷第 6 期（總第 157 期），1987 年 6 月。

12. 〈從朱熹到王陽明〉，楊國榮著，《哲學與文化》，第 19 卷第 7 期（總第 218 期），1992 年 7 月。

13. 〈論朱熹「理一分殊」說的積極意義〉，李志林著，《哲學與文化》，第 20 卷第 10 期（總第 233 期），1993 年 10 月。

14. 〈試述曹端及其人才觀〉，閻現章著，《晉陽學刊》，第 4 期，1994 年。

15. 〈理學論辨中的「作用是性」說〉，楊儒賓著，《漢學研究》，第 12 卷第 2 期，1994 年 12 月。

16. 〈程明道的圓頓的一本論〉，吳汝鈞著，《哲學與文化》，第 22 卷第 2 期（總第 249 期），1995 年 2 月。

17. 〈宋明儒學對於中國家訓的影響〉，王龍風著，《輔大中研所學刊》，第 4 期，1995 年 3 月。

18. 〈原性與圓性：論性即理與心即理的分殊與融合問題——兼論心性哲學的發展前景〉，成中英著，《漢學研究》，第 13 卷第 1 期，1995 年 6 月。

19. 〈從曹月川到陳白沙——略論明初心學的緣起與發展〉，劉振維著，《哲學雜誌》，第 14 期，1995 年 11 月。

20. 〈明初朱學學派述論〉，張克偉著，《東吳哲學學報》，第 1 期，1996 年 3 月。

21. 〈氣質之性的問題〉，楊儒賓著，《臺大中文學報》，第 8 期，1996 年 4 月。

22. 〈朱熹理學論中的人學思想〉，袁信愛著，《哲學與文化》，第 23 卷第 5 期（總第 264 期），1996 年 5 月。

23. 〈二程與佛學思想之交涉〉，范佳玲著，《東吳中文研究集刊》，第 4 期，1997 年 4 月。

24. 〈論朱子宇宙論中惡之可能〉，溫帶維著，《哲學與文化》，第 26 卷第 7 期（總第 302 期），1999 年 7 月。

25. 〈明初理學之冠——曹端〉，陳留成、杜建成合著，《中州今古》，第 5 期，2000 年。

26. 〈由對孔顏之樂的不同理解看張橫渠及程明道之功夫論的根本分別〉，溫帶維著，《哲學與文化》，第 28 卷第 5 期（總第 324 期）2001 年 5 月。

27. 〈變化氣質、養氣與觀聖賢氣象〉，楊儒賓著，《漢學研究》，第 19 卷第 1 期，2001 年 6 月。

28. 〈朱子性理系統形成的關鍵與過程〉，蔡仁厚著，《哲學與文化》，第 28 卷第 7 期（總第 326 期），2001 年 7 月。

29. 〈宋元明理學家的家訓〉，曾春海著，《輔仁學誌・人文藝術之部》，第 28 期，2001 年 7 月。

30. 〈近現代儒家思想史上的體用論〉，楊儒賓著，收於《天人之際與人禽之辨——比較與多元的觀點》，陳榮開編輯，《新亞學術集刊》，香港中文大學新亞書院，第 17 期，2001 年 7 月。

31. 〈「理一分殊」的規約原則與道德倫理重建之方向〉，劉述先著，《哲學與文化》，第 28 卷第 7 期（總第 326 期），2001 年 7 月。

32. 〈周敦頤《太極圖說》闡義〉，朱漢民著，《哲學與文化》，第 28 卷第 12

期（總第 331 期），2001 年 12 月。

33. 〈羅欽順「理氣為一物」說之理論效果，鄧克銘著〉，《漢學研究》，第 19 卷第 2 期，2001 年 12 月。

34. 〈論朱熹對孟子「性善」說的詮釋及其問題──「性善」與「人性本善」的辯議〉（上），劉振維著，《哲學與文化》，第 29 卷第 6 期（總第 337 期），2002 年 6 月。

35. 〈論朱熹對孟子「性善」說的詮釋及其問題──「性善」與「人性本善」的辯議〉（下），劉振維著，《哲學與文化》，第 29 卷第 7 期（總第 338 期），2002 年 7 月。

36. 〈《論語》「仁」概念朱注獻疑──兼論「仁」概念之確義〉，馬耘著，《哲學與文化》，第 29 卷第 7 期（總第 338 期），2002 年 7 月。

37. 〈試論曹端的教育思想〉，張雪紅著，《三門峽職業技術學院學報》，第 4 卷第 4 期，2005 年。

38. 〈羅欽順與貝原益軒──東亞近世儒學詮釋傳統中的氣論問題〉，楊儒賓著，《漢學研究》，第 23 卷第 1 期，2005 年 6 月。

39. 〈踐行義理，不憂即樂──論明代理學中的苦樂觀〉，李煌明、趙四學合著，《阿壩師範高等專科學校學報》，第 23 卷第 2 期，2006 年 6 月。

（三）論文集論文

1. 〈尋孔顏樂處〉，夏長樸著，收於《王叔岷先生八十壽慶論文集》，臺北，大安出版社，1993 年 6 月。

2. 〈新儒家與冥契主義〉，楊儒賓著，收於《當代新儒學的關懷與超越：第三屆當代新儒學國際學術會議論文集》，臺北，文津出版社，1997 年 12 月。

3. 〈明清的統治階層與宗教：正統與異端之辨〉，李孝悌著，收於《近世中國之傳統與蛻變：劉廣京院士七十五歲祝壽論文集》上冊，臺北，中央研究院近代史研究所，1998 年 5 月。

4. 〈20 世紀的中國實學研究〉，苗潤田著，收於《21 世紀中國實學》，北京，社會科學文獻出版社，2005 年 2 月。

附錄 劉蕺山對太極的詮釋

提 要

本文先將〈圖說〉首句「自無極而爲太極」與「無極而太極」兩種句式提出來討論，並加以區分「無極」與「太極」的關係，再回到蕺山詮解「太極」的原典，檢視並比較蕺山與諸位學者的主張。

蕺山所據〈圖說〉首句爲「無極而太極」，站在一氣高看的立場解釋太極。太極不是形而上的道德本體，而是指在天地間一氣變化的有條不紊，太極是不得不推高一層的說法。陳來先生以太極爲宇宙間最原始的物質，牟宗三先生則視天道誠體之神等同於太極。綜觀蕺山整體哲學思想，其「意根獨體」是主觀的心體義下道德實踐的根據，須用承自濂溪的主靜工夫來體證。在主靜的當下，就是本體的呈現，是謂「即體即用」、「體用一原」。

總的看來，蕺山解「太極」不只是承繼前賢說法，也提出自己的主張。本文的討論除了照見蕺山與諸位學者對「太極」理解之異同，並在其龐大複雜的思想中釐清一隅，以求進一步掌握蕺山哲學的要點。

關鍵詞：劉蕺山、無極、太極、意根獨體、主靜

一、問題的提出

「太極」一詞，最早出現在先秦文獻中的《莊子》與《易傳》。《莊子‧大宗師》曰：

> 夫道，有情有信，無爲無形；可傳而不可受，可得而不可見；自本自根，未有天地，自古已固存；神鬼神帝，生天生地；在太極之先而不爲高，在六極之下而不爲深。〔註1〕

此處的太極，並非具體有一物存在，乃是指現象世界中最爲極端、頂點的位置，而「道」正是超越了現象世界的最高而無所不在。《易傳‧繫辭上》曰：「《易》有太極，是生兩儀，兩儀生四象，四象生八卦。」〔註2〕這裡的太極，則是作爲宇宙生成的原初點，在哲學上具有宇宙論的表述意義，由其能化生天地陰陽，亦可見其存有論的實體意味。

先秦以降，歷代著名學者皆曾對「太極」進行詮釋，例如在漢代，西漢董仲舒（約190～105 B.C.，一說約179～104 B.C.）於《春秋繁露》中提到：「陰陽之道不同至於盛，而皆止於中，其所始起皆必於中。中者，天地之大極也，日月之所至而卻也。」〔註3〕此是以太極爲天地之中位；而東漢馬融（季長，約79～166）則謂：「《易》有太極，謂北辰也。」〔註4〕這又是從天文的角度以北極星附會太極的說法。此外，緯書中的〈孝經鉤命決〉記載：

> 天地未分之前，有太易，有太初，有太始，有太素，有太極，是爲五運。形象未分，謂之太易。元氣始萌，謂之太初。氣形之端，謂之太始。形變有質，謂之太素。質形已具，謂之太極。五氣漸變，謂之五運。〔註5〕

〔註1〕 （晉）郭象註：《莊子》（臺北：藝文印書館，2000年12月，初版5刷），卷3，頁140～141。

〔註2〕 （魏）王弼、（晉）韓康伯注，（唐）孔穎達疏、陸德明音義：《周易注疏》（臺北：臺灣商務印書館，1983年8月，《景印文淵閣四庫全書》本，冊7），卷11，頁43上。

〔註3〕 （漢）董仲舒：《春秋繁露》（臺北：臺灣商務印書館，1983年12月，《景印文淵閣四庫全書》本，冊181），卷16，頁12下。

〔註4〕 （魏）王弼、（晉）韓康伯注，（唐）孔穎達疏、陸德明音義：《周易注疏》，卷11，頁32上。

〔註5〕 （日）安居香山、中村璋八輯：《緯書集成》（石家莊市：河北人民出版社，1994年12月），冊中，頁1016。《易緯‧乾鑿度》有類似記載，但僅提及太

這是將太極納入天地生成架構中的階段之一，明顯是氣化了的太極。至宋明時，理學興盛，北宋周敦頤（濂溪，1017～1073）著有〈太極圖說〉，此後「太極」成為朱熹（晦庵，1130～1200）哲學系統中的形上實體，與「總天下萬物之理」為同一範疇。〔註6〕明代劉宗周（蕺山，1578～1645）撰《聖學宗要》，將〈太極圖說〉置於《聖學宗要》之首。此中，蕺山對「太極」有獨特的見解。從《聖學宗要》看來，蕺山解〈圖說〉首重於對「無極而太極」的體會。而在蕺山詮釋「無極」、「太極」的同時，已涉及其自身學說中一氣高看的主張，這也可以說是他哲學思想的重點所在。

以下本文將先討論「無極」與「太極」的關係，再以《明儒學案》所錄蕺山著述、及浙江古籍出版社的《劉宗周全集》為文本依據，分節評述蕺山對「太極」的詮釋。要另外說明的是，有關蕺山詮釋的「太極」，不乏從濂溪〈太極圖說〉發明，而〈圖說〉所據的〈太極圖〉，其圖式的版本與源流問題已有學者作過詳盡考證，如鄭吉雄《易圖象與易詮釋》、〔註7〕李申《話說太極圖——《易圖明辨》補》〔註8〕與《周易與易圖》〔註9〕……等等，由於本文焦點乃在蕺山思想，故於此不再作圖式之相關考證。

二、有關無極派生太極之商榷

上文提到，蕺山撰《聖學宗要》將〈太極圖說〉列於首，並於其中闡發太極之義。而今傳〈圖說〉首句除了「無極而太極」〔註10〕之外，另外還有兩種句式——「自無極而為太極」與「無極而生太極」。這三種句式的意義差別何在？蕺山以哪一條句式為本？又什麼是「無極」、什麼是「太極」？「無極」與「太極」的關係為何？在討論蕺山所闡釋的太極之前，確有必要釐清一番。

歷來對〈圖說〉首句的釋義，約可分為兩種類型，其一，太極作為無極所派生者，故無極較太極更具根本的意味，也就是上文提到的「自無極而為

易、太初、太始、太素，見於《緯書集成》冊上，頁11。
〔註6〕此外，與濂溪同時的張載（橫渠，1020～1077）乃以「氣」視「太極」：與朱熹同時的陸九淵（象山，1139～1192）則以「太極」為「吾心」。
〔註7〕鄭吉雄：《易圖象與易詮釋》（臺北：國立臺灣大學出版中心，2004年6月）。
〔註8〕李申：《話說太極圖——《易圖明辨》補》（北京：知識出版社，1992年7月）。
〔註9〕李申：《周易與易圖》（瀋陽：瀋陽出版社，1997年5月）。
〔註10〕（宋）周敦頤：《周濂溪集》（北京：中華書局，1985年，叢書集成初編本），冊1，頁2。

太極」與「無極而生太極」，這是一種宇宙生成論的表達形式；其二，無極並非一先於太極之存在，而是作爲太極的狀詞，形容太極的無可窮盡，即前文所提句式「無極而太極」。本節先探討第一種。

　　從今人的研究成果來看，將〈圖說〉首句釋爲「無極派生太極」者，如張立文《宋明理學研究》：

　　　　"無極"是周敦頤哲學邏輯結構的形而上範疇與其體系的出發點和歸宿點。"太極"是"無極"所派生的渾沌未分的東西。〔註11〕

這種說法主要的根據是，論者相信「無極而太極」有闕文，正確應作「自無極而爲太極」。朱子《晦庵集》載：「近見《國史‧濂溪傳》載此〈圖說〉，乃云『自無極而爲太極』。」〔註12〕這裡提及的《國史‧濂溪傳》爲南宋洪邁（容齋，1123～1202）所修。朱子以爲，〈濂溪傳〉所錄〈圖說〉首句「自無極而爲太極」，乃經史官增「自」「爲」二字。宋以後，史家方據朱說而刪「自」「爲」二字，即今傳〈圖說〉首句「無極而太極」。〔註13〕《宋明理學研究》的意見是：

　　　　《國史‧濂溪傳》作"自無極而爲太極"，較符合周敦頤的原意，或許就是〈太極圖說〉的原本。〔註14〕

侯外盧等編《宋明理學史》亦主此說，認爲「今本《太極圖‧易說》首句"無極而太極"，應照國史所載更正」。〔註15〕故其又謂：「"自無極而爲太極"，意思是從無而爲有，有生於無。無極是無，太極是有。」〔註16〕可知《宋明理學史》不但明確主張「太極」是「無極」所派生者，並且以道家帛書《老子》的「有生於無」〔註17〕詮釋「自無極而爲太極」。

〔註11〕張立文：《宋明理學研究》（北京：人民出版社，2002 年 11 月），頁 117。

〔註12〕（宋）朱熹：《晦庵集》（臺北：臺灣商務印書館，1985 年 9 月，《景印文淵閣四庫全書》本，冊 1144），卷 36，頁 27。

〔註13〕以上相關考證，前人已有詳述，如張立文：《宋明理學研究》，頁 114～116。

〔註14〕張立文：《宋明理學研究》，頁 116。

〔註15〕關於〈太極圖說〉又稱〈太極圖‧易說〉的問題，有學者持懷疑的看法，如鄭吉雄認爲：「將《太極圖》與《易說》……兩件文獻，在名稱上結合起來，而成爲一部書。依據中國傳統書名的語例，這也是極其怪異的。」詳見鄭吉雄：《易圖象與易詮釋》，頁 261。

〔註16〕以上兩條引文，詳見侯外盧等編著：《宋明理學史》（北京：人民出版社，1997 年 10 月，二版 2 刷），卷上，頁 60～61。

〔註17〕（晉）王弼著，（唐）陸德明釋文：《老子道德經注》（臺北：世界書局，2001 年 8 月，初版 11 刷），頁 25。

在上述觀點之下，「無極」是形而上的根源，「太極」則是陰陽未分之氣，屬於形而下的範圍。總的看來，在朱子之前，「自無極而爲太極」有其文本依據。而朱子刪「自」「爲」二字雖出於推理，亦不能斷其必非。陳來考證曰：

> 《濂溪傳》之見在朱子定本已出十餘年後，故未可言朱子初即爲牽就己意而去掉"自"、"爲"二字，且孝宗乾道年間，《太極圖說》已爲學者普遍注意，張南軒亦有一《太極解》，若朱熹所訂圖、說皆出於己意之私，同時學者必然提出異議。〔註18〕

朱子見洪邁所修〈濂溪傳〉而請刪「自」、「爲」二字，應在朱子注解〈太極圖說〉之後。〔註19〕可知朱子原先見到的版本便是「無極而太極」，非妄以己意擅改洪邁本。鄭吉雄《易圖象與易詮釋》謂：

> 「自無極而爲太極」的版本只出現於洪邁史傳之中，歷來也鮮少被稱引《太極圖》者所接受。在沒有新證據出現的情形下，研究者暫不宜採信洪邁的版本。〔註20〕

雖謂「自無極而爲太極」鮮少爲人所接受，然本文上述所提如張立文《宋明理學研究》、侯外廬等編《宋明理學史》、以及李申《話說太極圖——《易圖明辨》補》皆以「自無極而爲太極」爲眞。客觀的說，「自無極而爲太極」也不乏支持者，但在史料證據未足的情況下，應回到〈圖說〉本身的脈絡去看。〈圖說〉謂：「無極之眞，二五之精，妙合而凝。」此中有無極、有陰陽有五行（二五之精），何故名爲〈太極圖說〉卻不見「太極」二字？朱子對此解釋：「無極之眞，已該得太極在其中。眞字便是太極。」〔註21〕〈太極圖說〉畢竟以「太極」爲主，故不稱「無極圖說」，陳來就此認爲「太極」才是濂溪思想的最高範疇。〔註22〕若以「自無極而爲太極」爲眞，則「無極」又高過「太極」，便與〈圖說〉之名不相應了。

陳立驤〈周敦頤《太極圖說》「無極」與「太極」關係之研究〉一文中，提及「無極而生太極」之說，〔註23〕但於其文中並未援引文獻史料證之。據

〔註18〕陳來：《朱子哲學研究》（上海：華東師範大學出版社，2000年9月），頁77。

〔註19〕朱子〈太極圖說〉的〈注後記〉作於南宋孝宗乾道九年（1173），而朱子於孝宗淳熙十五年（1188）方見洪邁所修〈濂溪傳〉。

〔註20〕鄭吉雄：《易圖象與易詮釋》，頁249。

〔註21〕（宋）周敦頤：《周濂溪集》，頁12。

〔註22〕陳來：〈引言〉，《朱子哲學研究》，頁4。

〔註23〕陳立驤：〈周敦頤《太極圖說》「無極」與「太極」關係之研究〉，《鵝湖月刊》第33卷期1，總號第385（2007年7月），頁48下與頁49之表格。

本文所考，〈圖說〉首句之句式，僅「無極而太極」與洪邁所修〈濂溪傳〉原本所載之「自無極而爲太極」兩句式。除此二者之外，惟《周濂溪集》記朱子曰：

> 臨汀楊方，得九江故家傳本……其三條，九江本誤，而當以此本爲正。如〈太極說〉云：無極而太極。而下誤多一生字。〔註24〕

九江本現已不得而見，若非親見九江本，則陳立驤所言應從道家或道教立場所推衍之詮解而來，非是〈圖說〉另一版本的問題。茲引清代王宏撰（山史，1622～1702）《正學隅見述》以爲備考：

> 無極二字，實出於老子。朱子謂老子所言無極乃無窮之義，今觀其文，云：「知雄守雌，復歸於嬰兒；知白守黑，復歸於無極。」合數句繹之，則無極非無窮之義明矣！不然何以爲「復」「歸」二字解也？按周子此說頗爲道家牽附。其援引演論如云：「無極生太極」、「太極稟無極」、「無極在太極之前」、「無極極而爲太極」、「無極爲眞無，太極爲妙有」，諸語不一，而太極反似有形狀、有方所矣。〔註25〕

由此條引文所論，或可爲「無極而生太極」的出現作一說明。然其與戢山詮釋太極的立場無關，故於此不再多作討論。

三、戢山所理解的「無極而太極」

戢山對〈圖說〉首句的詮解，是以「無極而太極」爲原文，沒有闕字，並將「無極」視作「太極」的狀詞，他的基本預設是否定上一節所討論「無極派生太極」之說。類似的論點，朱子早已提出：

> 太極只是極至，更無去處了，至高至妙、至精至神，是沒去處。濂溪恐人道太極有形，故曰：「無極而太極」，是無之中有箇極至之理。〔註26〕

> 無極而太極，只是無形而有理。周子恐人於太極之外更尋太極，故

〔註24〕 （宋）周敦頤：《周濂溪集》，冊2，頁133。

〔註25〕 （清）王宏撰：《正學隅見述》（臺北：臺灣商務印書館，1985年2月，《景印文淵閣四庫全書》本，冊724），頁51上～51下。

〔註26〕 （宋）朱熹著，（清）李光地、熊賜履等編：《御纂朱子全書》（臺北：臺灣商務印書館，1985年2月，《景印文淵閣四庫全書》本，冊721），卷49，頁15下。

以無極言之。〔註27〕

若以太極爲有形，有形則有去處，有去處相對便有不到之處，既有不到之處則不能謂之極至，更遑論「至高至妙、至精至神」，故朱子認爲太極只是個極至之理，稱無極之名，乃因這極至之理「無方所、無形體、無地位可頓放」。

〔註28〕蕺山對這類說法有所批評，其〈讀易圖說〉云：

> ⊙圖中有一點，變化無窮。子曰「易有太極」，周子曰「無極而太極」，淪于無矣。解無極者曰「無形有理」，益滯于無無矣。今請爲太極起廢而表是圖，其爲象曰有，即未必周子之旨也，抑亦孔門之說歟？
> 雖然滯于有矣，夫圖其似之者也。〔註29〕

蕺山認爲濂溪曰「無極而太極」易流於空無之說；又自謂⊙之象爲有，未必合於濂溪旨意。此處蕺山是否誤解濂溪之意，並非本文所要解決的問題，〔註30〕這裡要看的是蕺山認爲以「無形有理」解釋「無極」，實滯礙於對空無的再否定之處境，〔註31〕同時又以爲有一個無形的理獨立存在於有形之外，這都將使「太極」之義愈加不顯。又如《明儒學案》亦載蕺山語曰：「『太極本無極』，是直截語。如後人參解，乃曰『太極本於無極』耳。信如此，豈不加一重障礙？」〔註32〕至目前爲止，可知蕺山不認可有一理獨存於形上，亦不認爲「太極」之上還有一「無極」存在。

在今人的研究中，也有將「無極」解爲極至無限以形容「太極」者，大前提卻未必盡循朱說，例如陳來《宋明理學》便認爲：

〔註27〕同前註，頁 17 上。

〔註28〕同前註，頁 12 上。

〔註29〕（清）黃宗羲：《明儒學案》（北京：中華書局，2008 年 1 月，2 刷），冊下，卷 62，頁 1587～1588。在《劉宗周全集・讀易圖說》中，「解無極者曰『無形有理』」之次句作「益滯于無矣」。

〔註30〕濂溪〈太極圖〉及其〈圖說〉頗有得於釋老兩家，僅〈太極圖〉受自何處之問題便眾說紛紜，其中〈圖說〉字句更有謂爲濂溪受自東林常總禪師（1025～1091）之口訣。故濂溪之「太極」必須在儒、釋、道三家脈絡下及其交互關係之中討論，方可求客觀之論。此非本文所要處理的問題，故不在有限篇幅之內多作說明。而上述濂溪「太極」與釋、道之關係，前賢研究甚豐，特別是對佛教方面，可參考熊琬：《宋代理學與佛學之探討》（臺北：文津出版社，2005 年 3 月，初版 2 刷），頁 53～76，以及蔣義斌：《宋儒與佛教》（臺北：東大圖書，1997 年 9 月），頁 92～114。

〔註31〕若以註 29 所提的《劉宗周全集・讀易圖說》版本爲是，則解做「滯礙於執著空無的處境」。

〔註32〕（清）黃宗羲：《明儒學案》，卷 62，頁 1537。

太極指未分化的混沌的原始物質，無極是指渾沌的無限。太極作爲原

始物質本身是無形的、無限的，這就是所謂“無極而太極”。〔註33〕

與朱子之說最大的不同處在於，陳來認爲「太極」本身即是最原始的物質，「無極」乃指其無形、無限，故「無極」與「太極」是同一概念下的不同指稱。雖同謂太極無形，但朱子所論的太極並不是物質性的元氣，這是要特別注意到的。在上條引文中，陳來所認知的「太極」，乃是物質的，是一種元氣，而這種元氣必須要高看，即宇宙最初的實體元氣。

同樣將「無極」視爲「太極」的狀詞，牟宗三的看法並不是站在元氣說的立場而發，其《心體與性體》謂：

「無極而太極」一語是對于「太極」本身之體會問題，本是一事，加「無極」以形容之，本無不可。太極是正面字眼，無極是負面字眼。似亦可說太極是對于道體之表詮，無極是對于道體之遮詮。太極是實體詞，無極是狀詞。〔註34〕

明顯可以看出，牟宗三於〈圖說〉中所理解的「太極」，是指形而上的道體，此與蕺山所理解的「太極」不同。牟宗三認爲「無極而太極」並非指「無極與太極」兩樣東西。相反的，「無極」與「太極」同是用於稱呼「道體」的指謂。「道體」屬於形而上的範圍，即牟宗三此處別稱的「極至之理」。〔註35〕「無極」作爲「道體」的狀詞，即形容作爲「極至之理」的「太極」是無可窮究的。而「太極」本身作爲對道體的表詮，即意在「無極」的遮詮下所顯現出的極至性格。

蕺山對「太極」的理解，實與牟陳二說頗有同異。他雖亦否定「太極」之上別有一物曰「無極」，且謂「天地之間一氣而已」，但是蕺山所謂的「太極」意涵，並非完全直接指向「天地間的一氣」，此中有一轉折處，其《聖學宗要·濂溪周子》云：

一陰一陽之謂道，即太極也。天地之間一氣而已，非有理而後有氣，乃氣立而理因之寓也。〔註36〕

〔註33〕 陳來：《宋明理學》（上海：華東師範大學出版社，2004年3月，二版），頁39。
〔註34〕 牟宗三：《心體與性體》（臺北縣：正中書局股份有限公司，2006年3月，臺初版第12次印行），冊1，頁358。
〔註35〕 相關論述詳見牟宗三：《心體與性體》，同前註，頁359。
〔註36〕 （明）劉宗周：《劉宗周全集》，冊2，頁230。

所謂「氣立而理因之寓」即見轉折之所在，蕺山言一氣創立天地，而理自然寓於其中。理並不直接等於氣，而是氣在活動流行時方見有理，借用其高足黃宗羲（梨洲，1610～1695）的話來理解：

> 自其浮沉升降者而言則謂之氣；自其浮沉升降不失其則者而言則謂
> 之理。〔註37〕

以梨洲的思路來說，要從氣的「浮沉升降不失其則」而言，才謂之理，並不是直接以「氣」的名目等同於「理」之名目。又如明中葉的羅欽順（整庵，1465～1547）說過：

> 理只是氣之理，當於氣之轉折處觀之。往而來、來而往，便是轉折
> 處也。夫往而不能不來，來而不能不往，有莫知其所以然而然，若
> 有一物主宰乎其間而使之然者，此理之所以名也。〔註38〕

所謂「往而不能不來，來而不能不往」，便是氣之動靜的不得不然，從這不得不然的氣之動靜中，方可見有理，也就是整庵所主張的「理須就氣上認取，然認氣為理便不是」，〔註39〕這也可用來說明蕺山的「氣立而理因之寓」。而前引蕺山之論太極，並非立於形而上學的存有論角度，乃是當下從人所存在的「天地」之中講，氣化活動有條理，即所謂道、所謂太極。其所舉的氣具有首出性，蕺山〈學言〉謂：「氣即理也，天得之以為天，地得之以為地，人物得之以為人物，一也。」〔註40〕要注意的是，此處所謂「氣即理也」之「氣」，應該如上所說，解為「氣的活動流行」，雖然氣本身就是一種處於活動流行的存在，但這樣的補充解釋有助於避免僅以「氣」之名目直接等同於「理」。蕺山又謂：

> 盈天地間，一氣而已矣。有氣斯有數，有數斯有象，有象斯有名，
> 有名斯有物，有物斯有性，有性斯有道，故道其後起也。〔註41〕

如此一氣高看、道為後起的言論，是否能夠就此謂之以氣為本？試看牟宗三對於此條蕺山〈學言〉引文的意見：

> 淺陋不入者將視此為唯物論矣。此只是蕺山之別扭，非其實意也。就

〔註37〕（清）黃宗羲：《明儒學案》，卷44，頁1061。

〔註38〕（明）羅欽順：《困知記續錄》（臺北：臺灣商務印書館股份有限公司，1985年2月，《景印文淵閣四庫全書》本，冊714），卷上，頁40下～41上。

〔註39〕（明）羅欽順：《困知記》（臺北：臺灣商務印書館股份有限公司，1985年2月，《景印文淵閣四庫全書》本，冊714），卷下，頁14上。

〔註40〕（明）劉宗周：《劉宗周全集》，冊2，頁408。

〔註41〕同前註，頁407。

此別扭而觀之，彼似亦不自知其形而上下緊收緊吸、顯微無間、體用一原、究是何義！只因一時之誤解而亟欲反之，故有此乖戾之言，且並將其自己所精悟之於穆不已之體而亦忘之矣！夫於穆不已之體固不離氣，然亦豈只是「一氣而已」耶？從氣歷降而說到道，道爲後起，亦豈有「顯微無間，體用一原，即體即用」之義耶？〔註42〕

戢山所理解的「太極」，從其整體哲學思想來判斷，不應屬於自然主義的唯物論，此即有關牟宗三所謂的戢山之「實意」爲何，暫且容後再述，先看濂溪《通書・動靜第十六》一段描述形而上本體的文字。濂溪謂：

動而無靜，靜而無動，物也；動而無動，靜而無靜，神也。動而無動、靜而無靜，非不動不靜也。物則不通，神妙萬物。〔註43〕

牟陳二人對此條文字均有討論。陳來指出，濂溪所謂「神」，正是事物運動的內部動源。〔註44〕若以牟宗三的話來解釋，在《心體與性體》則稱之爲「神用」：

天道誠體即是一寂感眞幾，引申而爲道德的創造之實體，此實體確有能生能化之神用。就此神用言，如以動靜形容之，則是「動而無動，靜而無靜」者。〔註45〕

牟陳兩說的不同點在於，陳來畢竟沒有明確規定「太極」乃是形而上的道德本體。相反的，牟宗三肯認天道誠體是道德的創造實體，而太極就是「天道誠體之神」，《心體與性體》說：

如太極眞意指一極至之實體，非太極外別有實體，則太極除即是天道誠體之神外，不會是別的。〔註46〕

可知牟陳兩說確有分別。然總的看來，若謂濂溪的哲學思想是本體論的立場、有著實體主義的性格，這應該是沒有疑問的。至此，再回到《聖學宗要・濂溪周子》中，戢山對「太極」的描述：

太極之妙，生生不息而已矣。生陽生陰，而生水火木金土，而生萬物，皆一氣自然之變化，而合之只是一箇生意，此造化之蘊也。唯人得之以爲人，則太極爲靈秀之鍾，而一陰一陽分見於形神之際。

〔註42〕 牟宗三：《心體與性體》，冊1，頁396～397。

〔註43〕 （宋）周敦頤：《周濂溪集》，冊2，頁102。

〔註44〕 相關論述詳見陳來：《宋明理學》，頁41。

〔註45〕 牟宗三：《心體與性體》，冊1，頁347。

〔註46〕 同前註，頁349。

　　由是殽之為五性，而感應之塗出、善惡之介分，人事之所以萬有不
　　齊也。〔註47〕

太極之妙，乃在一氣的自然變化，此「妙」即「造化之蘊」。太極盛滿靈秀之
氣，人得此造化之妙蘊而為人。又，伴隨著太極之妙而變化的陰陽二氣交感
雜錯，成就五性。五性按照朱子對〈太極圖說〉「五性感動而善惡分」的註語，
是為「五常之性」。〔註48〕而朱子註《通書・誠下第二》「誠，五常之本，百
行之源也」，謂「五常，仁義禮智信，五行之性也」，〔註49〕陰陽二氣所成就
的五性，即仁義禮智信。蕺山又說，因陰陽二氣成就五性，故而感物應物，
同時善惡亦有所區分，人事因此萬有不齊。本文以為，就善惡既分而引申，
人的道德自我要求與生理欲求確實應該有所區分，亦即理氣二分必須肯定。
生理欲求若是太過、不恰當，便有惡的產生；道德自我要求則是無條件的，
是完全自主地遵循道德律令。

　　在上段引文中，蕺山所謂「生陽生陰，而生水火木金土，而生萬物」，這
些都只是「天地之間一氣而已」的自然變化。若謂有太極之妙處、有造化之
妙蘊，皆要從一氣之流行變化中說。要注意的是，蕺山本來就不以「太極」
為形上的「創生道體」，這是明顯與朱子不同的地方。至於濂溪的「太極」，
可用牟宗三所謂「天道誠體之神」視之，而蕺山一氣高看、氣立而理寓於其
中的「太極」與此並不相契。

四、不得不推高一層的太極

　　由上節所述，蕺山謂「天地之間一氣而已」，從今人研究的角度看來，其
意接近陳來將太極視為最原始的物質的看法，而牟宗三謂蕺山將「形而上下
緊收緊吸」，又是怎麼一回事？《心體與性體》謂：

　　蕺山對于即存有即活動，於穆不已之天命流行之體確有體認，亦真
　　有工夫。此無論自意根誠體說，或自無極太極說，皆可見其是如
　　此。……彼即欲將形而下者如情、如人心、如氣質、如喜怒哀樂等，
　　直下緊收于此於穆不已之體，而此於穆不已之體亦即全部內在化而

〔註47〕　（明）劉宗周：《劉宗周全集》，冊2，頁230～231。
〔註48〕　（宋）周敦頤：《周濂溪集》，冊1，頁14。
〔註49〕　同前註，冊2，頁79。而濂溪提到的「仁、義、禮、智、信」，則見於《通書・
　　　　　誠幾德第三》：「德愛曰仁，宜曰義，理曰禮，通曰智，守曰信。」《周濂溪集》，
　　　　　冊2，頁81。

緊吸于此形而下者中以主宰而妙運之，以成其「全體是用，全用是
體」之一滾而化，一滾地如如呈現。〔註 50〕

可知在牟宗三看來，蕺山學說系統中不但有一「於穆不已之體」，且其形而上
下緊收緊吸，實爲一即體即用的「圓融化境」。〔註 51〕然牟宗三謂「形而上下
緊收緊吸」，還是區分出形上形下，這是否與蕺山一氣高看的立場相契呢？而
蕺山自己又是如何解釋形而上與形而下的關係？他說：

就形下之中而指其形而上者，不得不推高一層以立至尊之位，故謂之
太極，而實本無太極之可言，所謂「無極而太極」也。使實有是太極
之理，爲此氣從出之母，則亦一物而已，又何以生生不息、妙萬物而
無窮乎？今曰：「理本無形，故謂之無極」，無乃轉落註腳。〔註 52〕

依蕺山之本意，「天地之間一氣而已」，此氣分陰分陽化用於天地間，而稱「一
陰一陽之謂道」，即陰陽二氣的運轉流行合乎條理就是道、就是太極。若以爲
太極是在氣之上的派生者，則有如母生子，子亦人、母亦人，太極便只是另
一物，而此物並不能給出「生生不息、妙萬物而無窮」的保證。是故，太極
是「不得不推高一層以立至尊之位」的權說，若必強爲「氣的大化流行合乎
條理」這個過程定一名稱，則作「太極」。但事實上在氣之外並沒有另一物叫
作「太極」，故謂「實本無太極之可言」。此是以「理派生氣」的不合理性，
作爲反駁「形而上有一派生者」之觀點的理據，這才是蕺山的實意。然而，
若蕺山堅定「天地之間一氣而已」之立場，爲何還要再委曲地區分出「就形
下之中而指其形而上者」？牟宗三即認爲此處蕺山有「過正不穩之辭」，《心
體與性體》謂：

「就形下之中而指其形而上者」云云，可見非不認有「形而上者」。
然則「而實無太極之可言」自是滯辭、不穩不平之辭，亦是過正之
辭。〔註 53〕

牟宗三所理解的蕺山，並非不承認有形而上者，其否認「太極」之實存，或
謂「天地之間一氣而已」，皆非平穩之辭。而蕺山自身又如何解釋形而上與形
而下之關係？其〈證學雜解〉謂：

〔註 50〕牟宗三：《心體與性體》，冊 1，頁 394。
〔註 51〕同前註，頁 396。
〔註 52〕（明）劉宗周：《劉宗周全集》，冊 2，頁 230。
〔註 53〕牟宗三：《心體與性體》，冊 1，頁 392。

形而下者謂之氣，形而上者謂之性。故曰「性即氣，氣即性。」人

性上不可添一物，學者姑就形下處討箇主宰，則形上之理即此而在。

〔註 54〕

如前所言，蕺山指的「形而上」，是「不得不推高一層」的權說，所謂的「形上

之理」必須落實在現象世界中（形下處）討得。蕺山並不是先區分出形而上與

形而下，然後於形而上規定一理以主宰形而下的現象世界。蕺山的意思是，所

謂的形而上，必須要「姑就形下處」、「就形下之中」來講，而不是分開地說有

「形而上」與「形而下」的區別。那麼，上段引文中，蕺山所謂「形而下者謂

之氣，形而上者謂之性」，這裡的「氣」與「性」又有什麼意涵？〈學言〉謂：

一性也，自理而言，則曰仁義禮智；自氣而言，則曰喜怒哀樂。一

理也，自性而言，則曰仁義禮智；自心而言，則曰喜怒哀樂。〔註 55〕

仁義禮智是性、是理；喜怒哀樂是氣、是心。依蕺山在別處的相關論述，仁

即惻隱之心，從喜而發；義即羞惡之心，從怒而發；禮即辭讓之心，從樂而

發；智即是非之心，從哀而發。〔註 56〕離開了喜怒哀樂等四氣，就不能夠談

仁義禮智等四德。可知蕺山將四氣抬高到四德的層次，而四氣當然是純善的，

換言之，喜怒哀樂即是性，進一步就可以說性與氣、或者性與心，乃是一個

整體，並不能夠截然二分。試看蕺山〈原性〉曰：

夫性，因心而名者也。盈天地間一性也，而在人則專以心言。性者，

心之性也。心之所同然者，理也。生而有此理之謂性，非性為心之

理也。如謂心但一物而已，得性之理以貯之而後靈，則心之與性斷

然不能為一物矣。〔註 57〕

所謂的「理」，在蕺山看來不過是「心之所同然者」，性是心之性，心不是作

為儲存性理的容器，心與性本是一物。說「盈天地間一性也」並不與「天地

之間一氣而已」相衝突，「天地之間一氣而已」之「氣」，是高看的氣，在此

氣流行之中，心的活動就被包含在裡面，而心的活動就是性的呈顯。故性「在

人則專以心言」，又云「天下無心外之性」。〔註 58〕從認識論的先後來說，必

〔註 54〕　（明）劉宗周：《劉宗周全集》，冊 2，頁 269。

〔註 55〕　同前註，頁 391。

〔註 56〕　蕺山在這方面的論述，可見於（明）劉宗周：《劉宗周全集》，冊 2，頁 280～
281，頁 412～413，頁 421。

〔註 57〕　同前註，頁 281。

〔註 58〕　同前註，頁 285。

先有主觀的心的活動，才知道有客觀的性，如果離開心來說性，則只不過是一種懸想罷了。

　　蕺山對「心」還作了更為深入的探討，關聯到其對「太極」的描述。試看蕺山兩段文字：

> 心與理一，則心無形；理與事一，則理無形……無形之道至矣乎，
> 吾強而名之曰「太虛」。〔註59〕

> 人心徑寸耳，而空中四達，有太虛之象。虛故生靈，靈生覺，覺有
> 主，是曰意。此天命之體，而性道教所從出也。〔註60〕

引文中提到的「太虛」，其實就是「太極」。〔註61〕所謂的無形之道，就是不囿於形、超越了有形之限制的道理，當心與理為一的時候，心活動的當下就是理的呈顯，心便不再囿於有形之中，此之謂「太虛」、「太極」。而人心有「太虛之象」，其中有個主宰名曰「意」，即為仁義禮智……等一切德性所從出的「天命之體」。蕺山又曰：

> 心無善惡，而一點獨知，知善知惡。知善知惡之知，即是好善惡惡之
> 意，好善惡惡之意，即是無善無惡之體，此之謂無極而太極。〔註62〕

心中一點獨知，即是好善惡惡的意根，而此意根之所以能夠知善惡、進而善必好，惡必惡，在於意根本身超越了相對的善惡，是不以善惡言的純然至善。而心為此純然至善的意根所主，使心的活動依照好善惡惡的法則行之，則喜怒哀樂之發無非仁義理智之性，這就是「太極」。蕺山對意根描述甚詳，如〈學言〉曰：

> 意為心之所存，則至靜者莫如意……意無所為善惡，但好善惡惡而
> 已。好惡者，此心最初之機，惟微之體也。〔註63〕

意根並不是客觀的性體義下之存在根據，而是主觀的心體義下道德實踐的根據，乃內在於人心中最初、最深微的意向，先天必然的好善惡惡，而純粹至

〔註59〕同前註，頁425。

〔註60〕（清）黃宗羲：《明儒學案》，卷62，頁1522。

〔註61〕蕺山曰：「或曰：『虛生氣。』夫虛即氣也，何生之有？吾遡之未始有氣之先，亦無往而非氣也。當其屈也，自無而之有，有而未始有；及其伸也，自有而之無，無而未始無也。非有非無之間，而即有即無，是謂太虛，是謂太極。」同前註。

〔註62〕同前註，頁1523。

〔註63〕（明）劉宗周：《劉宗周全集》，冊2，頁390。

善。故蕺山又謂「意根最微，誠體本天。本天者，至善者也。」〔註 64〕而所謂「至靜者莫如意」，此處的「至靜」非與動相對待之靜，而是超越動靜相對待的「至靜」。相類的觀念，前人已有，王弼注《易》云：「凡動息則靜，靜非對動者也。語息則默，默非對語者也」，〔註65〕意思便與此相當。有關「靜」的概念，在濂溪〈圖說〉中已有「主靜」之說，蕺山則將之吸收到工夫論之中，而重點乃在「即工夫即本體」。不過這其中有一個問題，既然作為本體的意根是純粹至善的，那麼人世間的惡從何而來呢？蕺山的解釋如下：

> 人心一氣而已矣，而樞紐至微，纔入麤一二，則樞紐之地霍然散矣。散則浮，有浮氣，因有浮質；有浮質，因有浮性；有浮性，因有浮想。為此四浮，合成妄根；為此一妄，種成萬惡。嗟乎！其所由來者漸矣。〔註66〕

心的樞紐應指意根，當意根「入麤一二」，則此心便不純然為善。「麤」字可能指外在的物質誘惑。當人的物質欲求高過了基本生理所需的合理程度，即是「入麤一二」，惡的妄念便於此時漸生。蕺山云：

> 今心為念，蓋心之餘氣也。……故念有善惡，而物即與之為善惡，物本無善惡也；念有昏明，而知即與之為昏明，知本無昏明也；念有真妄，而意即與之為真妄，意本無真妄也；念有起滅，而心即與之為起滅，心本無起滅也。故聖人化念還心，要於主靜。〔註67〕

在蕺山處，「意」與作為「心之餘氣」的「念」是有所區別的。濂溪「主靜」之說，以「無欲」為子目，即以去除不合理的欲望為目的；若從蕺山的思路來講，「化念還心」是進德入聖的必備修養，也就是「化泯妄念，使之歸向純然至善的意根」。

五、顯本體的主靜工夫

前文提到，蕺山認為心中一點獨知，即是好善惡惡的意根，此意根即是太極。其為獨知，蕺山有時也把太極別名曰「獨」。試看四條蕺山語錄：

> 聖學本心，維心本天，維玄維默，體乎太虛。因所不見，是名曰獨。

〔註64〕同前註，頁 453。
〔註65〕（魏）王弼、（晉）韓康伯注，（唐）孔穎達疏、陸德明音義：《周易注疏》，卷 5，頁 5 下。
〔註66〕（明）劉宗周：《劉宗周全集》，冊 2，頁 435。
〔註67〕同前註，頁 417。

〔註68〕

> 無極而太極，獨之體也。動而生陽，即喜怒哀樂未發謂之中，靜而
> 生陰，即發而皆中節謂之和。〔註69〕

> 獨便是太極；喜怒哀樂便是太極之陽動陰靜；……盈天地間只是一
> 點太和元氣流行，而未發之中實爲之樞紐其間，是爲無極而太極。

〔註70〕

> 獨之外，別無本體；慎獨之外，別無工夫。〔註71〕

太極即是意根、即是獨體，證此本體的工夫就在慎獨。關於慎獨，清代黃宗
炎《周易象辭》解《周易》「九二履道坦坦，幽人貞吉」曰：「坦坦幽人，即
慎獨君子也。養其未發之中，以待中節之用。」〔註72〕幽人者，幽暗獨處之
人，而能坦蕩行路無所失，涵養其內，以待發而皆中節。《周易》之後，〈中
庸〉有言：「莫見乎隱，莫顯乎微，故君子慎其獨也。」〔註73〕這是說沒有比
隱晦之時更能現露，也沒有比細微之處更爲顯著，所以君子獨處之際更加謹
慎而不亂。鄭玄注《禮記》曰：「慎獨者，慎其閒居之所爲。」〔註74〕孔穎達
疏曰：

> 故君子慎其獨也者，以其隱微之處，恐其罪惡彰顯。故君子之人恒
> 慎其獨居，言雖曰獨居，能謹慎守道也。〔註75〕

漢唐兩位經學家認爲，「慎獨」即是在獨處之時亦能謹慎守道而不踰矩。到宋代
的二程，《河南程氏外書》記載：「君子慎獨，『敬以直內，義以方外』，所以爲
『克己復禮』也。」〔註76〕「敬以直內，義以方外」語出《周易》，〔註77〕《河

〔註68〕 （清）黃宗義：《明儒學案》，卷62，頁1593。
〔註69〕 同前註，頁1519。
〔註70〕 （明）劉宗周：《劉宗周全集》，冊2，頁481。
〔註71〕 （清）黃宗義：《明儒學案》，卷62，頁1583。
〔註72〕 （清）黃宗炎：《周易象辭》（臺北：臺灣商務印書館，1983年8月，《景印文
淵閣四庫全書》本，冊40），卷4，頁56上。
〔註73〕 （宋）朱熹：《四書集註》（臺南：大孚書局，1996年7月，初版三刷），頁2。
〔註74〕 （漢）鄭玄注，（唐）孔穎達疏、陸德明音義：《禮記註疏》（臺北：臺灣商務印
書館，1983年12月，《景印文淵閣四庫全書》本，冊115），卷52，頁1下。
〔註75〕 同前註，頁3上。
〔註76〕 （宋）程顥、程頤著，王孝魚點校：《二程集·河南程氏外書》（北京：中華
書局，2004年2月，二版3刷），卷3，頁366。未詳爲程明道或程伊川語。
〔註77〕 （魏）王弼、（晉）韓康伯注，（唐）孔穎達疏、陸德明音義：《周易注疏》，
卷2，頁10上。

南程氏外書》將「愼獨」思想再擴充，以爲愼獨之君子以敬修之於內，以義行之於外；知敬則本分不踰，明義則行事合宜，是以能「克己復禮」，〔註78〕克勝私欲，歸順禮法。到了明代的蕺山，「愼獨」成爲顯本體的工夫，而其要即在「靜」。蕺山曰：「靜中養出端倪，端倪即意，即獨，即天。」〔註79〕在靜中涵養意根獨體，是蕺山講學的特色所在，主靜與愼獨在其學說系統中常是連在一起講的。不過要談蕺山的主靜，必須先回頭看濂溪的主靜，〈圖說〉謂：「聖人定之以中正仁義，而主靜」，〔註80〕於「靜」字之下自注「無欲故靜」。從現實面來看，「無欲」是不太可能的。如口渴便想喝水、饑餓便生口腹之欲，這都是不論凡聖皆不可避免，更遑論求學、求道，也是一種欲。故濂溪所謂的「無欲」，並不是去除自然的生理之欲。《孟子‧盡心下》曰：「養心莫善於寡欲，其爲人也寡欲，雖有不存焉者寡矣；其爲人也多欲，雖有存焉者寡矣。」〔註81〕濂溪對此表示：

> 予謂養心不止於寡焉而存耳。蓋寡焉以至於無，無則誠立明通。誠
> 立，賢也；明通，聖也。是聖賢非性生，必養心而致之。〔註82〕

「寡焉以至於無」的對象，並非渴飲饑食之類。如乍見孺子將入井而救之，若有要譽於鄉黨的念頭，則此欲便須完全除掉。這是另一種層次的欲求，無關乎自然生理的，而是關乎道德的。濂溪所謂「無欲故靜」，便是去除不合道德的欲求，發心動念以檢視自己的動機是否純粹。而此「靜」擺脫感性之動靜，是精神的集中專一、內心貞定的「至靜」。曾師事於濂溪的程頤，認爲「纔說靜，便入於釋氏之說」，所以「不用靜字，只用敬字」；〔註83〕朱子則說「敬則自然靜，不可將靜來喚作敬」。〔註84〕但蕺山頗不能同意程朱以敬代靜，其言：

> 伊、洛拈出敬字，本〈中庸〉戒愼恐懼來，然敬字只是死工夫，不若
> 〈中庸〉說得有著落。以戒愼屬不睹，以恐懼屬不聞，總只爲這些子

〔註78〕　（宋）朱熹：《四書集註》，頁77。語出《論語‧顏淵》。

〔註79〕　（明）劉宗周：《劉宗周全集》，冊2，頁517。

〔註80〕　（宋）周敦頤：《周濂溪集》，冊1，頁2。

〔註81〕　（宋）朱熹：《四書集註》，頁215。

〔註82〕　（宋）周敦頤：《周濂溪集》，冊2，頁140。

〔註83〕　（宋）程顥、程頤著，王孝魚點校：《二程集‧河南程氏遺書》，冊上，卷18，
　　　　　頁189。

〔註84〕　（宋）朱熹著，（清）李光地、熊賜履等編：《御纂朱子全書》，冊720，卷2，
　　　　　頁42上。

討消息，胸中實無個敬字也。故主靜立極之說，最為無弊。〔註85〕

蕺山並不否定從〈中庸〉「戒慎恐懼」拈出的敬字，但他認為這還是不如濂溪所提的「主靜立極」來得允當、「最為無弊」，由此可知蕺山對「主靜」說的推崇。明初大儒曹端（月川，1376～1434），其對「靜」字別有一番體會：

學者須要識得「靜」字分曉，不是不動便是靜，不妄動方是靜，故曰「無欲而靜」。到此地位，靜固靜也，動亦靜也。〔註86〕

「不妄動」才能說「靜」，否則僅是身體不動，但思慮卻心猿意馬，便不能算是「靜」。此處所謂「靜固靜也，動亦靜也」，類於上一節引到蕺山〈學言〉所謂「至靜」之境界，皆以一超越之「靜」宰乎形氣之動靜。蕺山在《聖學宗要·濂溪周子》中對「主靜」有所引申：

惟聖人深悟無極之理，而得其所為靜者主，乃在中正仁義之間，循理為靜是也。天地此太極，聖人此太極，彼此不相假而若合符節，故曰合德。若必捐天地之所有而畀之於物，又獨鍾畀之於人，則天地豈若是之勞也哉！自無極說到萬物上，天地之始終也；自萬物返到無極上，聖人之終而始也。始終之說，即生死之說，而開闢渾沌、七尺之去留不與焉。知乎此者，可與語道矣。主靜要矣，致知亟焉。〔註87〕

聖人為人極，與天地並列為三才故同此太極，即〈圖說〉所謂「聖人與天地合其德」。聖人之所以為聖人，即悟得「主靜」之理。自律循著中正仁義的道理去做，就是「主靜」。而天地之間只一氣，此氣非獨厚於人，因「天者，萬物之總名，非與物為君也」，〔註88〕天地並非刻意為主宰而「若是之勞也」。且亦由於聖人與天地同此太極，無論自太極說到萬化、或從萬化說至太極，皆可如朱子注〈圖說〉所言：「能原其始而知所以生，則反其終而知所以死矣」。〔註89〕知死生之說只是同一件事，大至開天闢地、小至一身存亡，皆不能有所干預，故蕺山曰：「吾儒直作等閒看過，生順沒寧而已」。〔註90〕蕺山此段疏解，主要循著〈圖說〉字句以闡發，然主靜之「靜」字，如何關聯到前文

〔註85〕 （清）黃宗羲：《明儒學案》，卷62，頁1521。

〔註86〕 （明）曹端著，王秉倫點校：《曹端集》（北京：中華書局，2003年10月），卷7，頁240。

〔註87〕 （明）劉宗周：《劉宗周全集》，冊2，頁231。

〔註88〕 同前註，頁408。

〔註89〕 （宋）周敦頤：《周濂溪集》，冊1，頁23。

〔註90〕 （明）劉宗周：《劉宗周全集》，冊2，頁231。

所提「至靜者莫如意」的本體意義？試看〈蕺山學案〉所載：

> 周子主靜之靜，與動靜之靜，迥然不同。蓋動靜生陰陽，兩者缺一
> 不得，若於其中偏處一焉，則將何以爲生生化化之本乎？然則周子
> 何以又下個靜字？曰只爲主宰處著不得註腳，只得就流行處討消
> 息。亦以見動靜只是一理，而陰陽太極只是一事也。〔註91〕

蕺山認爲，濂溪僅提「主靜」，並非偏於動靜之「靜」。蓋主靜之「靜」，乃超
越於氣的動靜相對，而立於主宰處。然主宰處本身並不落於某一特定指稱而
自限，如動靜、陰陽、太極等皆可同謂造化之妙蘊，「合之只是一箇生意」，
故於流行處藉「靜」字以爲名。然何故取「靜」字而不取「動」字？依蕺山
所言推之，動靜雖一理，但「靜以宰動，動復歸靜」，似乎「靜」字之意涵較
可類推至主宰處，下舉蕺山兩條語錄爲證：

> 問：「未發氣象從何處看入？」曰：「從發處看入。」「如何用工夫？」
> 曰：「其要只在愼獨。」問：「兼動靜否？」曰：「工夫只在靜，故云
> 主靜立人極，非偏言之也。」「然則何以從發處看入？」曰：「動中
> 求靜，是眞靜之體；靜中求動，是眞動之用。體用一原，動靜無端，
> 心體本是如此。」

> 動中有靜，靜中有動者，天理之所以妙合而無間也。靜以宰動，動
> 復歸靜者，人心之所以有主而常一也。故天理無動無靜，而人心惟
> 以靜爲主。以靜爲主，則時靜而靜，時動而動，即靜即動，無靜無
> 動，君子盡性至命之極則也。〔註92〕

所謂「工夫只在靜」、「人心惟以靜爲主」云云，可見「主靜」在蕺山學說中
的重要程度。從蕺山所規定「好善惡惡的意根」與濂溪的「無欲故靜」來看，
去除不合道德律令的欲求、自然而然不刻意造作地合乎道德，這就是顯本體
的工夫，含有道德自律的必然性。蕺山又曰：

> 自濂溪有主靜立極之說，傳之豫章、延平，遂以「看喜怒哀樂未發
> 以前氣象」爲單提口訣。夫所謂未發以前氣象，即是獨中眞消息，
> 但說不得前後際耳。蓋獨不離中和，延平姑即中以求獨體，而和在
> 其中，此愼獨眞方便門也。〔註93〕

〔註91〕（清）黃宗羲：《明儒學案》，卷62，頁1535～1536。

〔註92〕以上兩條引文，同前註，頁1517。

〔註93〕同前註，頁1523。

濂溪的「主靜」在蕺山看來，根本是道南指訣的濫觴，而觀喜怒哀樂未發以前氣象云云，在蕺山的思路裡便成為慎獨的下手處，亦即是證求獨體的入路。朱子云：

> 李先生教人，大抵令於靜中體認大本未發時氣象分明。即處事應物，
>
> 自然中節。此乃龜山門下相傳指訣。〔註94〕

引文中「李先生」即朱子業師李侗（延平，1093～1163），其教朱子「默坐澄心，體認天理」，〔註95〕即於靜坐中體證喜怒哀樂未發之中。此法藉默坐暫且隔離經驗世界，默坐只是手段，不是目的，本身亦不保證必然達到某種境界。這在蕺山看來，所謂「於靜中體認大本未發時」實際上就是在證求獨體。而延平的「處事應物，自然中節」，在蕺山處也有相似的說法，試看兩條蕺山語錄：

> 本體只在日用嘗行之中，若舍日用嘗行，以為別有一物，可以兩相
>
> 湊泊，無乃索吾道於虛無影響之間乎？〔註96〕
>
> 時時存養，時時體驗，體驗在踐履上做工夫。〔註97〕

在日用常行中下工夫，本體就在其中得見，並非別有一物名曰「本體」而須以工夫相求索。這也就是蕺山對「太極」的詮釋，太極不是獨立於處事應物之外的本體，離開日用常行以外，便無本體可言、便不可說太極。換言之，蕺山認為作「主靜」工夫的當下，就必然是獨體的呈顯，亦可說即工夫即本體，故謂之「體用一原」。蕺山曰：

> 本體只是這些子，工夫只是這些子，并這些子仍不得分此為本體，
>
> 彼為工夫。既無本體工夫可分，則亦并無這些子可指。〔註98〕

太極就是意根獨體，而此意根獨體的意義，必於慎獨工夫之中才得以昭著，簡言之，本體工夫不能分割為二。

六、結　語

　　蕺山著述豐富，今僅揀其詮釋「太極」的相關部分，探討蕺山哲學中的

〔註94〕（宋）朱熹：《延平答問》（京都：中文出版社，1985年4月，近世漢籍叢刊思想初編本，冊6），頁244。

〔註95〕同前註，頁210。

〔註96〕（明）劉宗周：《劉宗周全集》，冊2，頁509。「日用嘗行」應為「日用常行」之誤。

〔註97〕同前註，頁517。

〔註98〕（清）黃宗羲：《明儒學案》，卷62，頁1522。

一些重要觀念，雖蒐求不少資料，實未能揭其全貌。此中有其自家體貼得來者，亦有其承繼濂溪之處。

　　總的說來，蕺山本身的學說以「意根獨體」為核心觀念，此「意根獨體」即為太極本體，是主觀心體義下道德實踐的根據、亦是純粹至善的本體，並不是空懸於形而上的一種存在。而其言「天地間一氣而已」，不得直視為自然主義下的唯物論，蕺山所謂的「氣」必須要高看。這種理論的要點，就在於一氣流行的當下，喜怒哀樂即是純情、即是仁義禮智四德。從工夫論的角度說，要證得太極本體，須在日用常行中，以主靜彰顯之、以慎獨呈顯之。就蕺山而言，主靜就是慎獨工夫，太極本體的意義要在做慎獨工夫的當下才得以昭明，此之謂即工夫即本體、體用一原的圓融化境。

　　在蕺山之後，太極仍是學者們詮釋的對象，如方以智（密之，1611～1671）於其著《東西均》提出：「太極者，猶言太無也。太無者，言不落有無也。」〔註99〕方以智不以有無來詮釋太極，反過來說，他所謂的太極是一種超越了有無相待的境況。稍後的王夫之（船山，1619～1692）則謂「陰陽無始者也，太極非孤立於陰陽之上者也。」〔註100〕從船山整體思想系統觀之，其論太極更契合於氣化的層面，但他與蕺山一樣，皆不認為太極是獨立於形上的實體而存在著，從這個角度來看，前述方以智的「太極不落於有無」也可說是如此，儘管他們未必受到蕺山的影響，然蕺山對太極的詮釋在明清之際確具有程度頗高的代表性。

參考書目

（一）古籍文獻

1. 《周易注疏》，（魏）王弼、（晉）韓康伯注，（唐）孔穎達疏、陸德明音義，景印文淵閣四庫全書本，冊7，臺北，臺灣商務。

2. 《周易象辭》，（清）黃宗炎著，景印文淵閣四庫全書本，冊40，臺北，臺灣商務。

3. 《周易內傳》，（清）王夫之著，船山遺書全集重編本，冊1，臺北，中國船山學會、自由出版社聯合印行。

〔註99〕　（清）方以智著，龐樸注釋：《東西均注釋》（北京：中華書局，2001年3月），頁47。

〔註100〕　（清）王夫之：《周易內傳·繫辭上傳》（臺北：中國船山學會、自由出版社聯合印行，1972年11月，船山遺書全集重編本，冊1），卷5，頁556。

4. 《禮記註疏》，（漢）鄭玄注，（唐）孔穎達疏、陸德明音義，景印文淵閣四庫全書本，冊 115，臺北，臺灣商務。

5. 《春秋繁露》，（漢）董仲舒著，景印文淵閣四庫全書本，冊 181，臺北，臺灣商務。

6. 《緯書集成》，（日）安居香山、中村璋八輯，冊上～中，石家莊市，河北人民出版社 。

7. 《四書集註》，（宋）朱熹著，臺南，大孚書局，3 刷。

8. 《周濂溪集》，（宋）周敦頤著，叢書集成初編本，北京，中華書局。

9. 《二程集》，（宋）程顥、程頤著，王孝魚點校，北京，中華書局，二版3 刷。

10. 《延平答問》，（宋）朱熹編，近世漢籍叢刊思想初編本，京都，中文出版社。

11. 《御纂朱子全書》，（宋）朱熹著，（清）李光地、熊賜履等編，景印文淵閣四庫全書本，冊 720，臺北，臺灣商務。

12. 《晦庵集》，（宋）朱熹著，景印文淵閣四庫全書本，冊 1144，臺北，臺灣商務。

13. 《宋元學案》，（清）黃宗羲著，全祖望、黃百家補修，儒藏本，成都，四川大學。

14. 《曹端集》，（明）曹端著，王秉倫點校，北京，中華書局。

15. 《劉宗周全集》，（明）劉宗周著，吳光主編，杭州，浙江古籍出版社。

16. 《明儒學案》，（清）黃宗羲著，北京，中華書局，2 刷。

17. 《東西均注釋》，（清）方以智著，北京，中華書局。

18. 《正學隅見述》，（清）王宏撰著，景印文淵閣四庫全書本，臺北，臺灣商務，冊 724。

（二）今人專書

1. 《中國哲學原論》（導論篇），唐君毅著，臺北，臺灣學生書局，1986 年9 月，全集校訂版。

2. 《明代理學論文集》，古清美著，臺北，大安出版社，1990 年 5 月。

3. 《中國哲學原論》（原教篇），唐君毅著，臺北，臺灣學生書局，1990 年9 月，全集校訂版。

4. 《話說太極圖——《易圖明辨》補》，李申著，北京，知識出版社，1992 年 7 月。

5. 《周易與易圖》，李申著，瀋陽，瀋陽出版社，1997 年 5 月。

6. 《宋儒與佛教》，蔣義斌著，臺北，東大圖書，1997 年 9 月。

7. 《宋代儒釋調和論及排佛論之演進》，蔣義斌著，臺北，臺灣商務，1997年10月，初版2刷。

8. 《宋明理學史》，侯外盧等編，北京，人民出版社，1997年10月，二版2刷。

9. 《朱子哲學研究》，陳來著，上海，華東師範大學出版社，2000年9月。

10. 《證人之境——劉宗周哲學的宗旨》，李振綱著，北京，人民出版社，2000年12月。

11. 《劉宗周及其慎獨哲學》，黃敏浩著，臺北，臺灣學生書局，2001年2月。

12. 《宋明理學研究》，張立文著，北京，人民出版社，2002年11月。

13. 《明代哲學史》，張學智著，北京，北京大學出版社，2003年6月，2刷。

14. 《宋明理學》，陳來著，上海，華東師範大學出版社，2004年3月，二版。

15. 《易圖象與易詮釋》，鄭吉雄著，臺北，國立臺灣大學出版中心，2004年6月。

16. 《宋代理學與佛學之探討》，熊琬著，臺北，文津出版社，2005年3月，初版2刷。

17. 《心體與性體》（一），牟宗三著，臺北縣，正中書局，2006年3月，初版12刷。

18. 《從陸象山到劉蕺山》，牟宗三著，上海，上海古籍出版社，2007年7月，初版2刷。

19. 《在現實真實與價值真實之間——朱熹思想研究》，王健著，上海，華東師範大學出版社，2007年5月。

20. 《閩學困知錄》，何乃川著，北京，社會科學文獻出版社，2007年7月。

21. 《承洛啓閩——道南學派思想研究》，劉京菊著，北京，人民出版社，2007年7月。

（三）學位論文

1. 《劉蕺山哲學研究》，余建中著，國立中央大學哲學研究所碩士論文，1993年5月。

2. 《朱子所理解的佛教思想——以心性意涵與修持工夫為討論中心》，黃瑩暖著，國立臺灣師範大學國文研究所博士論文，2001年6月。

3. 《道南學脈觀中思想研究》，侯潔之著，國立臺灣師範大學國文研究所碩士論文，2003年5月。

4. 《道德實踐與歷史性——關於蕺山學的討論》，廖俊裕著，國立中正大學中國文學研究所博士論文，2003年6月。

5. 《劉蕺山哲學思想研究》，陳立驤著，國立成功大學中國文學研究所博士論文，2003 年 6 月。

6. 《劉蕺山「盈天地間一氣」思想研究》，柯正誠著，中國文化大學中國文學研究所碩士論文，2004 年 6 月。

（四）期刊與論文集論文

1. 〈論劉宗周的慎獨學說〉，尹文漢著，《池州師專學報》，第 14 卷 2 期，2000 年 5 月。

2. 〈宋儒李延平之義理探析〉，蔡介裕著，《中國文化月刊》，第 254 期，2001 年 5 月。

3. 〈從劉宗周闢佛看儒佛異同〉，黃敏浩著，《新亞學術集刊》：天人之際與人禽之辨——比較與多元的觀點》，香港，中文大學新亞書院，期 17，2001 年 7 月。

4. 〈劉蕺山的慎獨論〉，曹樹明著，《河北科技大學學報》（社會科學版），第 4 卷 1 期，2004 年 3 月。

5. 〈劉蕺山與黃梨洲的氣論〉，楊祖漢著，《21 世紀中國實學》，北京，社會科學文獻出版社，2005 年 2 月。

6. 〈謝上蔡、李延平與朱子早年思想〉，鍾彩鈞著，《清華學報》，新 37 卷第 1 期，2007 年 6 月。

7. 〈周敦頤《太極圖說》「無極」與「太極」關係之研究〉，陳立驤著，《鵝湖月刊》，第 33 卷第 1 期（總號第 385），2007 年 7 月。

8. 〈論蕺山是否屬「以心著性」之型態〉，楊祖漢著，《鵝湖學誌》，第 39 卷 2007 年 12 月。

9. 〈劉蕺山的「生命現象學」〉，陳榮灼著，《鵝湖月刊》，第 34 卷第 8 期（總號第 404），2009 年 2 月。

（本文感謝元智莊雅州老師審查、國北教大孫劍秋教授講評）